JN063108

マイノリティデザイン

コピーライター／世界ゆるスポーツ協会代表理事
澤田智洋

ライツ社

（岡本太郎『自分の中に毒を持て』より引用）

人間だれでもが身体障害者なのだ。たとえ気どった恰好をしてみても、八頭身であろうが、それをもし見えない鏡に映してみたら、それぞれの絶望的な形でひんまがっている。

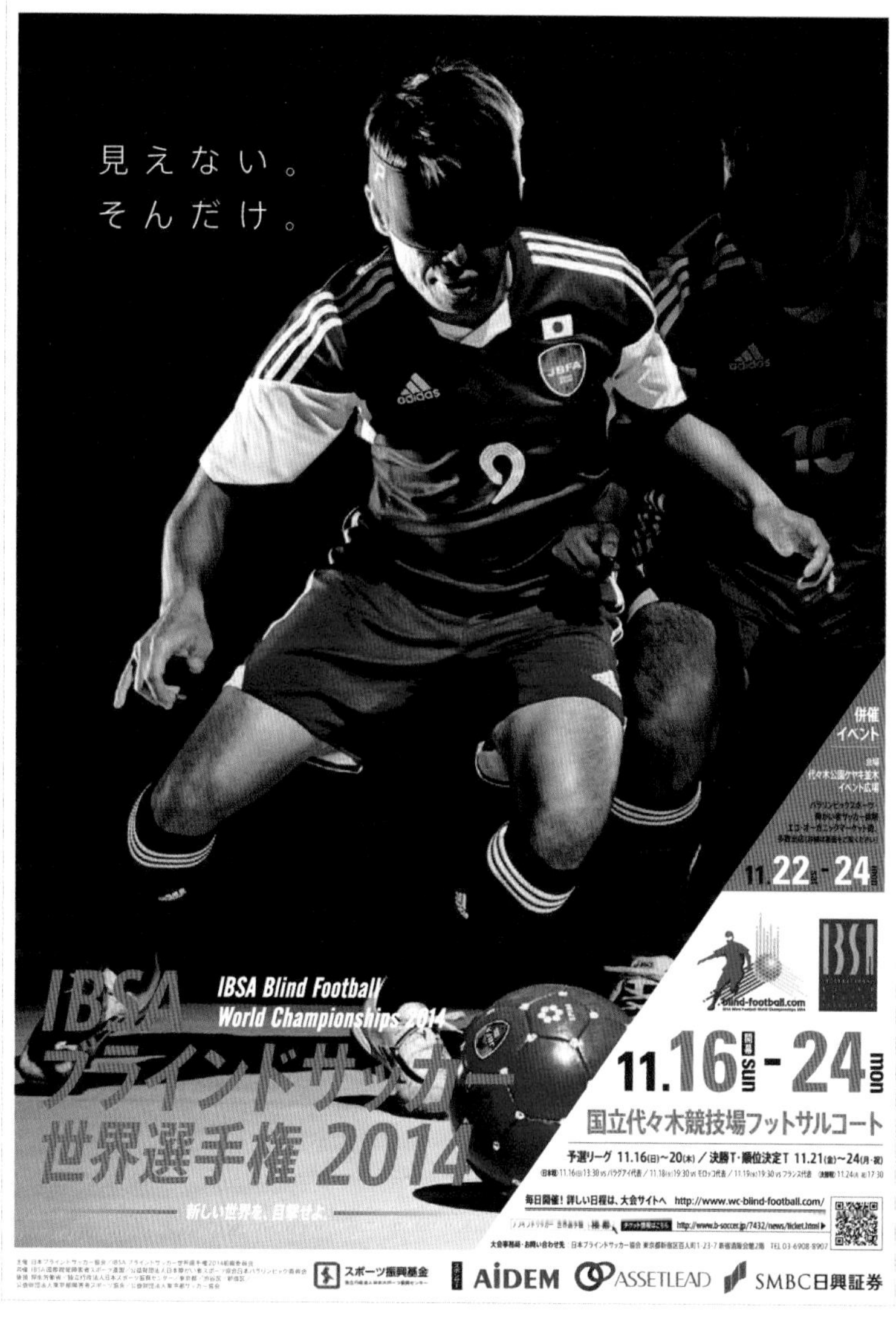

「見えない。そんだけ。」
ブラインドサッカー世界選手権 2014 ポスター

福祉アイテムである義足をファッションアイテムに再解釈した
「切断ヴィーナスショー」in パシフィコ横浜

しかし人間は、切実な人間こそは、自分のゆがみに
残酷な対決をしながら、また撫でいたわりながら、
人生の局面を貫いて生き、進んでいくのだ。

人間は確かに他の動物よりも誇りをもっているかもしれない。しかしその誇りというのは奇怪な曲折を土台にしている。悲しみ、悔い、恥じる。あるいは無言に、また声をあげて。しかもそれも人生の一つの歌にすぎない。

高齢化問題を逆手にとった、自治体 PR プロジェクト
「爺 – POP from 高知家 ALL STARS」

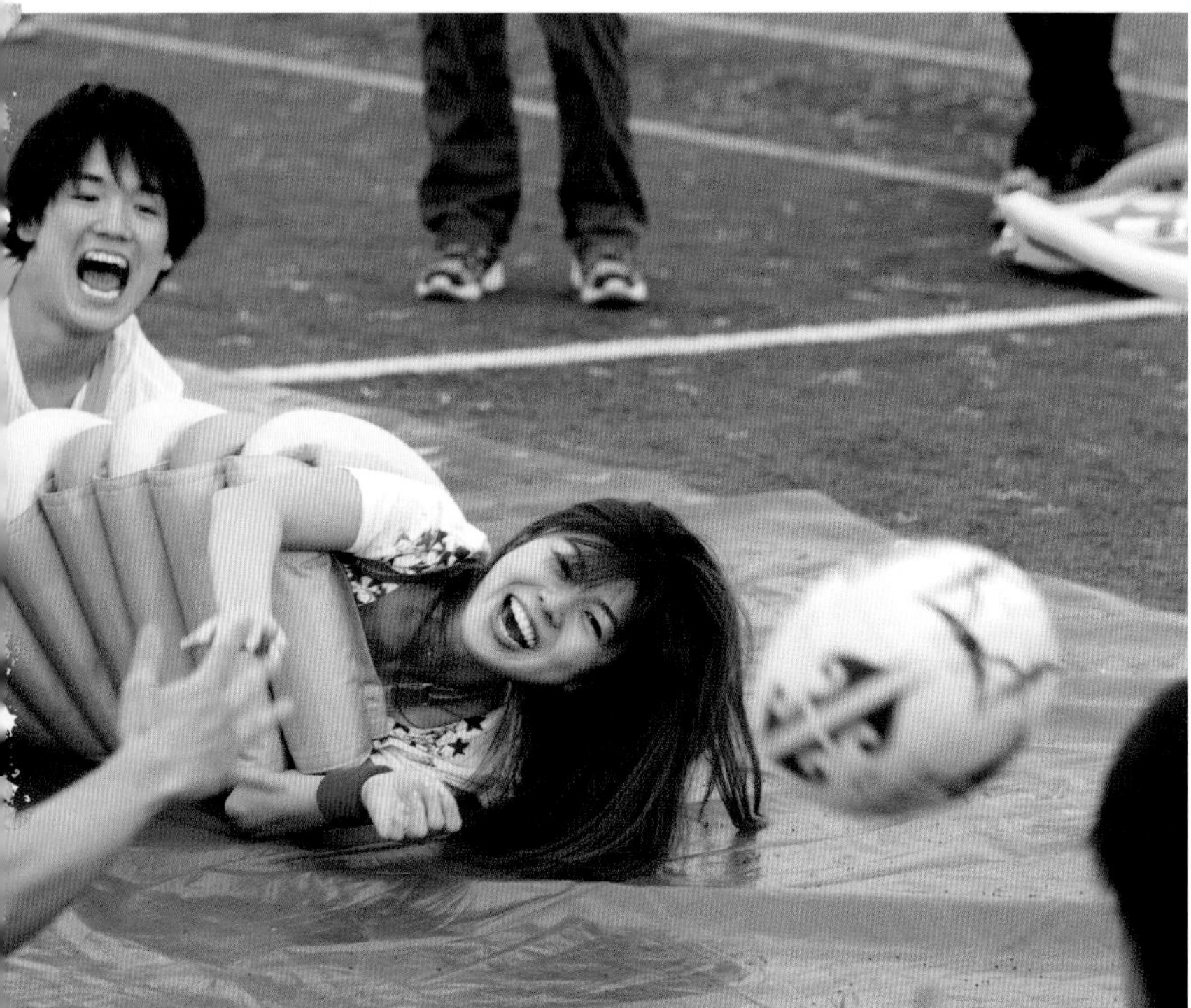

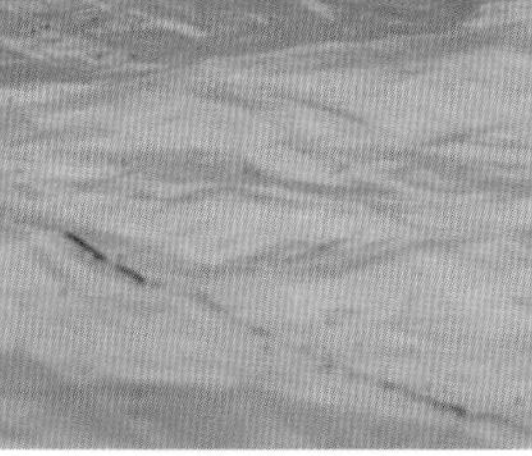

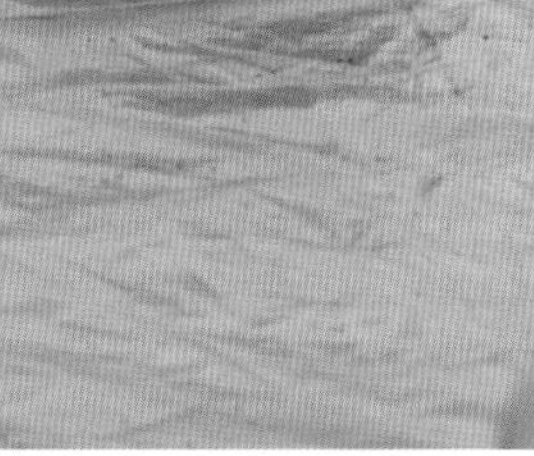

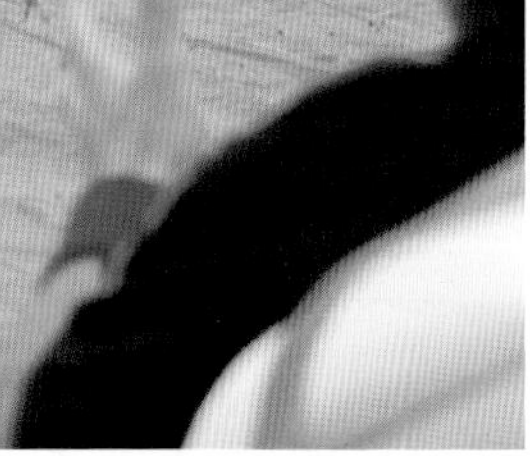

運動音痴でも、老、若、男、女、健、障、だれでも楽しい。
勝ち方の多様化を目指した「ゆるスポーツ」

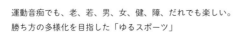

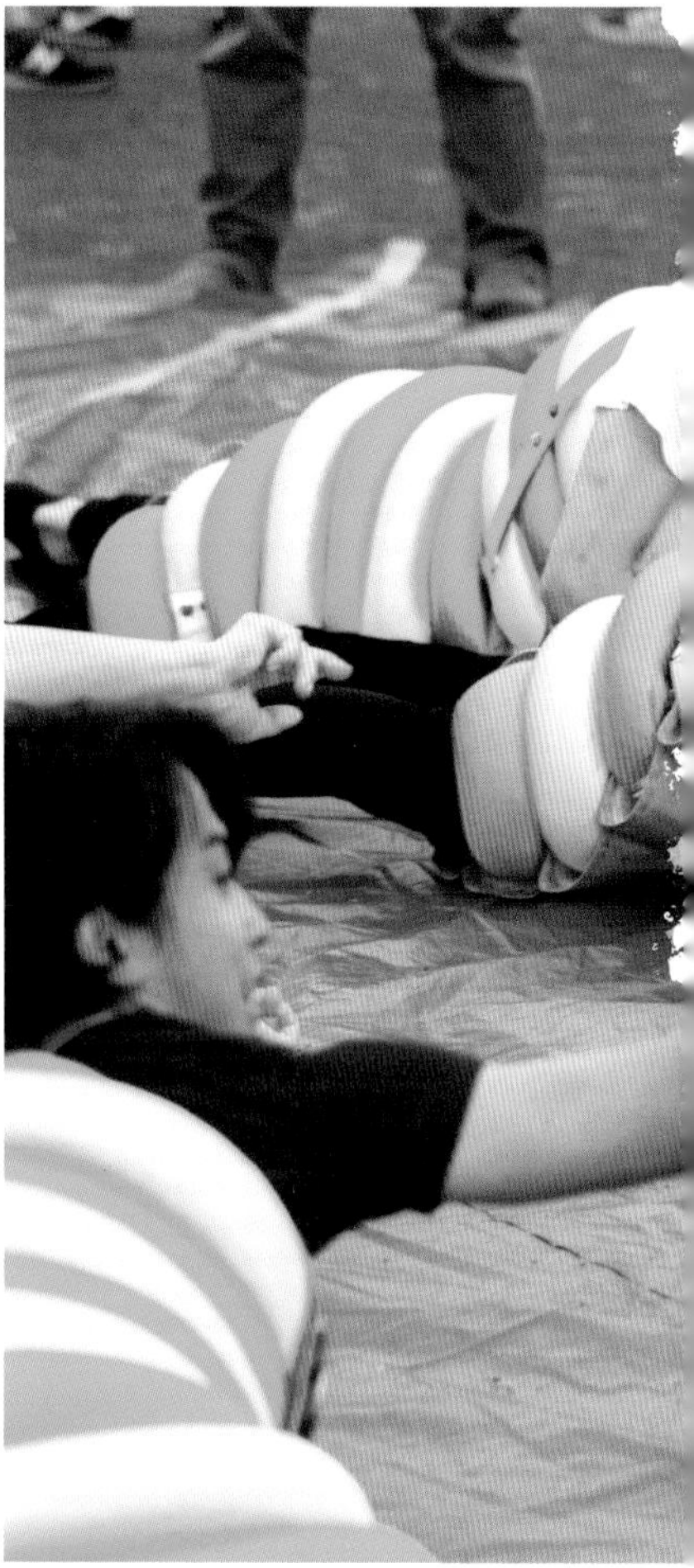

自分のひそかな歪みにたえながら、それを貫いて生きるしかない。そして救われたり、救われなかったり。目をこらして見れば、それがあらわに人間生活の無限のいろどりになっているのが見えるだろう。

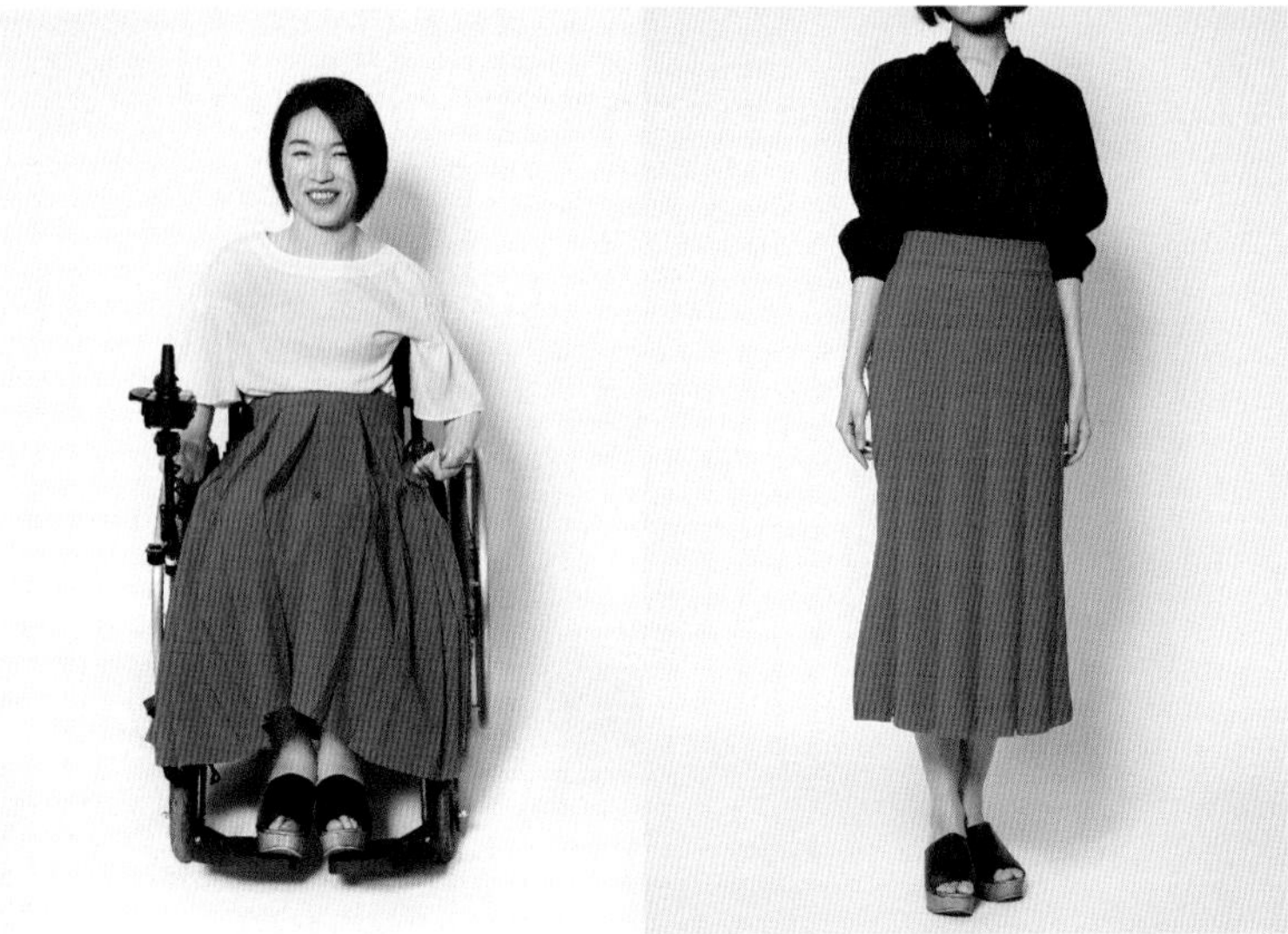

上：「ひとり」の身体障害者を起点に新しい服をつくる
ユナイテッドアローズと協働した「041FASHION」
下：寝たきりの人が視覚障害者の目に、視覚障害者が寝たきりの人の足になる
ボディシェアリングロボット「NIN_NIN」

あなたが苦手な競技があったとする。

苦手を克服するために猛特訓するか。それとも、自分がプレーしやすいようにルール変更を要請するか。どちらを選ぶだろうか？

これまでの社会では、前者の選択肢をとることが美徳と考えられてきた。必死に努力をし、勝ち抜くことが賞賛されてきた。受験競争も出世レースも、そういった競技のひとつだ。

だが、いまは違う。多様性が認められる社会において、マイノリティの人たちが生きやすいように枠組みや仕組みを整えるルールチェンジャーが賞賛される時代へと変化してきている。こうなると、従来はネガティブに捉えられていた「苦手」「できない」は、新しいルールを生み出すキッカケとして大きな武器になる。

できないものを持っている弱者が、価値を生み出す強者になるという逆転現象が、さまざまな場所で起こっている。澤田さんは、この時代の変化に改めて気づかせてくれた。

澤田さんには、目の見えない息子がいる。僕はそれを、うらやましいとさえ思った。

佐渡島庸平（コルク代表）

すべての「弱さ」は、社会の「伸びしろ」

あなたが持つマイノリティ性＝「苦手」や「できないこと」や「障害」や「コンプレックス」は、克服しなければならないものではなく、生かせるものだ。だれかの弱さは、だれかの強さを引き出す力だから。

そう伝えたくて、僕はこの本を書きました。

息子に障害があるとわかってから、僕は「強さ」だけで戦うことをやめた

20代の頃、必死に自分の「強さ」を磨きました。コピーライターとして、広告クリエイターとして。なかなか芽が出なかった。しんどかった。でも、障害のある息子や障害のある友人たちから教わりました。

「弱さだって、自分らしさだよ」。

今、僕は持っているものすべてを使って仕事をしています。コピーを書けるという強み、運動音痴という弱み、広告会社で働いているという強み、子どもに障害があるという弱み。すべてをかけ合わせて、「ゆるスポーツ」をつくっています。

弱さを切り捨てて強さだけで勝負していたら、広告コピーしかつくれませんでした。

「御社だけが抱えている課題って、なんだと思いますか？」マイノリティこそがダイバーシティ

ここ数年、「課題不足だ」という話をよく聞きます。でも同時に、「それって、課題を掘る場所を間違えてるんじゃないか？」と思うこともよくあります。

課題は、いまだに山積しています。マス（中間層）からこぼれ落ちている「マイノリティ」と呼ばれる人の中に。

王道的なマーケティング活動の外側は、多様性に溢れていました。

もう、「他人」のために「自分」を後回しにしなくていい

優秀な人ほど、はたから見ていて思うことがあります。「限りある時間を他人のために使いすぎている」と。それ以上やると、いつでも自分が後回しになってしまう。

もっと、仕事で得た力を、みんなが自分の人生と接続できたなら。大切な人のために生かせたなら。自分の中にある弱さのために、もっと時間を使えたなら。

社会は、もっと生きやすい場所に変えることができる。

弱さから、楽しい逆襲を始めよう

目次

はじめに

第1章 マイノリティデザインとは何か？

——広告から福祉へ。「運命の課題」との出会い

第2章

才能の使い道を、スライドさせよう。

——本業の外へ。マスではなく、ひとりのために。
ファストアイデアよりも、持続可能なアイデアを。

第3章 運動音痴がつくった「ゆるスポーツ」

——「弱さ」から始まる楽しい逆襲

第4章 自分をクライアントにする方法
――企画書を自分宛に書いてみよう

第5章 マイノリティデザインのつくり方

——秒単位の「暇つぶし」ではなく、長生きする「生態系」を

おわりに

今日死んでもいいように、すべて出し切った「へなちょこ野郎の奮闘記」

はじめに

「いい仕事をしたい」という、だれしもの願いを叶えられない世の中はどうなのか

仕事という名のバトンを受けとる。前方だけを見つめながら全力疾走する。周りの景色を楽しむ余裕もなくひた走る。そして、次の走者へとバトンを渡す。肩で息をしながら、小さくなっていく走者を見つめる。ふと思う。「あれ、今バトンを渡したランナーは、どこへ向かっているんだっけ?」。そんな余韻を打ち消すかのように、次のランナーがバトンを渡してくる。再び、走り出す。

これが20代の頃の、僕の働き方でした。

話は変わって、19世紀のこと。

イタリアに住むエンジニア、ペッレグリーノ・トゥーリは、恋人と文通がしたいと思

いました。でも、その恋人は視力を失いつつあり、紙に文字を書くことができませんでした。そこでトゥーリは、ある機械を発明しました。大切な人のために。そして、自分のために。

その発明は「タイプライター」。

タイプライターはのちにパーソナルコンピュータの「キーボード」へと進化し、視覚障害者だけではなく、今日の僕らみんなの暮らしを支えています（この本だって、キーボードによって打ち込まれ、つくられたものです）。

この話を知ったとき、「いい仕事するな……」と心から思いました。

いい仕事をしたい。

多くの人が願うことではないでしょうか。ところが、世界と比べても、日本人はあまり自分の仕事に満足していないようです。

世界仕事満足度調査では、世界35カ国中最下位（Indeed社調べ、２０１６年）。世界最大のビジネスSNS「LinkedIn」の調査（２０１４年）でも、日本の正社員は世界26カ国でもっとも「やりがいを感じていない」という結果。

かくいう僕も、例外ではありませんでした。

父親がキレイなＣＭをつくったところで、視覚障害のある息子は見れない

２００４年に新卒で広告会社に入社し、コピーライターという自分が望むクリエイティブ職に従事することができていました。渋谷駅のハチ公前の大看板に、自分の考えたキャッチコピーが掲載されている。自分の企画したＣＭがテレビで放送されて、多いときには８０００万人にリーチしている。充実した毎日を送っていた。はずでした。

時は流れて、僕ら夫婦に１人の息子が生まれました。よくミルクを飲んで、よく泣いて、よく笑う。寝不足の日々が始まりましたが、かわいくてしかたがありませんでした。でも、３か月ほど経った頃、息子の目が見えないことがわかりました。

終わった、と思った。

見えない子って、どうやって育てたらいいんだろう。恋愛ってするのかな。幸せなんだろうか。その日から、仕事が手につかなくなりました。

僕の主な仕事は、映像やグラフィックを駆使して、広告をつくることです。それってつまり、僕がいくら美しいCMをつくったとしても、視覚障害のある息子には見ることができないということ。

「パパどんなしごとしてるの？」と聞かれたときに、説明できない仕事をやるのはどうなのか。僕がやっている仕事なんて、まったく意味がないんじゃないか。

なにをすればいいんだろう？　どう働けばいいんだろう？　32歳にして僕は、今まで拠り所にしていたやりがいをすべて失い、「からっぽ」になってしまったんです。

ライターがこの世界に生まれた理由。「社会的弱者」は発明の母だった

僕は上司に息子のことを打ち明け、それまで担当していた仕事を9割減らしてもらい、

息子との向き合い方を探すために、障害当事者を訪ねることにしました。それは、僕ら夫婦のためです。

家に帰って、「今日はこんな素敵な視覚障害者の方がいてね……」って、毎日グッドニュースを届けるみたいに、妻にその日会った人の話をしていました。そうでなければ乗り越えられなかったし、なにか少しでも、そこにヒントが転がっていればいいと思っていました。

200人を超える人たちと出会い続ける日々の中で、光を照らしてくれる話を聞きました。片手で使えるライターと曲がるストローは、「障害のある人と共に発明された」という話です。

どれも諸説はあるようなんですが、ライターは「マッチで火をおこすには両手が必要だから、片腕の人でも火を起こせるようにしよう」というアイデアから、今の形になった。曲がるストローは、「寝たきりの人が手を使わずに、自力で飲み物を飲めるようにするため」に。……それが今では、障害者とか健常者とか関係なくみんなが使うものになっている。

つまり、いわゆる「社会的弱者」は「発明の母」になり得る、と知ったのです。

マイノリティに「広告的なやり方」で、光を当てられないか？

この話を聞いて、僕はすごく楽になりました。「できないことがあるのは当人のせいではない。社会のほうを変えればいいんだ」と思えたからです。

同時に、そこで気づいたのは「障害者は企業のマーケティング対象から除外されている」という事実です。

僕は10年以上広告会社で働いていましたが、障害のある人の意見を聞いたりしたことがなかったんです。心身に障害のある人の数は、全国で960万人以上と言われている。

それなのに、はじめから除外されているのはもったいないと感じました。ライターやストローー、そしてタイプライターのように、だれかの「できない」や「障害」は、「社会を変える切り口」になる可能性があるから。

自分の仕事に活路を見出した気がしました。

広告の仕事とは、極論的には「価値を見出す」ことです。

そう考えると、障害当事者を含めた、いわゆる「マイノリティ」と呼ばれる方が持つ独自性に、「広告的なやり方」で光を当てられるかもしれない。

超アウェーの世界で、「弱さ」の反転を目撃した

手探りの日々を続けていくうちに、僕はいつの間にか、超アウェーの世界に足を踏み入れていました。広告業界から離れた、なんの手がかりもない「福祉」という世界に。

ある日、日本ブラインドサッカー協会の松崎さんという方から、一般向けに公開している体験会のネーミングを考えてほしいという相談を受けました。

ブラインドサッカーとは、アイマスクを装着して行う「視覚障害者サッカー」です。

転がるとシャカシャカと音の鳴るボールを、耳を頼りに追いかけ、ドリブルし、パスし、シュートする。プレー中、観客は沈黙を続けます。選手がボールの音や相手の気配を察することができるように。

例外はゴールシーン。ボールがネットを揺らした直後は、思い切り声を上げていい。「うおぉぉぉ!」。沈黙と大歓声の落差に、いつも鳥肌が立ちます。

その一般向けの体験会を実施してはいるものの、もっと知名度を上げて集客を図りたい。なにかアイデアはないか? というお題でした。

ものは試しにと、体験会におそるおそる参加してみると、自分の価値観が180度「グワン」と音を立ててひっくり返りました。

場をリードするのは、視覚障害のある寺西一さんという選手。参加者は、アイマスクをつけて、柔軟体操をしたり、ボールを使ったグループワークをします。

暗闇に放り込まれて一気に不安が襲いかかってくる……と思いきや、それは予想していたような「視覚を奪われた怖い体験」ではありませんでした。むしろ「視覚が閉ざされている安心感」を得られる体験だったんです。

世界が、なにか「適切な情報量」にチューニングされていくような。

情報社会の今、人は情報の85％を視覚から得ている、というデータがあります。つまり僕らの生活の中では、スマホ、パソコン、タブレット……あらゆるデバイスが「ON」になっていて、常に目から情報が飛び込んできてしまう。

ところが視界を「OFF」にすると、情報量がおさえられ、快適な時間が待っていた。そう考えると、その場をリードするブラインドサッカー選手が「目をOFFにするエキスパート」に見えてきました。

後日、僕は松崎さんに「OFF T!ME（オフタイム）」というネーミングを提案しました。脳も目も疲れている現代人。それに対して、ブラインドサッカー体験は「目をOFFにする」という価値を提供しています、と。

その後、「OFF T!ME」はテレビや新聞に取り上げられ、今では企業や団体向けのチームビルディングやコミュニケーション研修として、日本ブラインドサッカー協会の収益の柱のひとつにまで成長しました。

この仕事が、いちクリエイターとしても、息子の親としても、ターニングポイントになりました。「目が見えない」という、ある意味での「弱さ」が、見方を変えると新しい価値になることを目の当たりにしたからです。

マイノリティデザイン。
それは「弱さを生かせる社会」を残す方法

こんなふうに、いつもは隠しているような「できないこと」も堂々と1枚のカードとして出せる社会になるといいな、と思いはじめました。

息子の話をすると、よく「研究もすすんでいるし、見えるようになるかもしれないよ」と言われることがあります。

励ましで言ってくれているのはわかるんです。

でも、見えないということは、不便ではあるけど、絶対的に悪いことではない。「できないことは克服するのではなく、生かすことができる」ということを、僕は教えてもらいました。そして、コピーライターという自分の職能を使って、そのお手伝いができるかもしれない、と。

広告会社では、「強いものをより強くする」仕事が多い。だけど、もし「弱さ」にもっと着目したら。「弱さを強さに変える」仕事ができたなら。

目が見えない息子は、いわゆるマイノリティです。

でもマイノリティだからこそ、社会のあらゆるところに潜んでいる不完全さに気づくことができるかもしれない。「ここ、危ないですよ！」「もっとこうしたほうがいいですよ！」と、その穴を埋めることで、健常者にとってもより生きやすい世界に変えることができるかもしれない。

だからこそ、「弱さ」という逆風そのものを、追い風に変えたい。そしていつか、「弱さを生かせる社会」を息子に残したい――。

「マイノリティデザイン」――マイノリティを起点に、世界をより良い場所にする。このちょっと仰々しい言葉が、僕の人生のコンセプトになりました。

苦手、できないこと、障害、コンプレックス……人はみな、なにかの弱者・マイノリティ

それから、怒涛のプロジェクトラッシュが始まりました。

いわゆる福祉アイテムである義足を、ファッションアイテムに再解釈する「切断ヴィーナスショー」。視覚障害者が「横断歩道を勇気と度胸と勘で渡っている」という話を聞いて開発した、ボディシェアリングロボット「NIN_NIN（ニンニン）」。ユナイテッドアローズと立ち上げた、ひとりの身体障害者の悩みから新しい服をつくるレーベル「041（ALL FOR ONE）」……。さらには障害者だけでなく、高齢化する社会を逆手にとった音楽グループ「爺-POP」のプロデュースなど、仲間や企業を巻き込みながら、さまざまなプロジェクトを立ち上げていきました。

脈絡のないように見えるかもしれませんが、どれもこれも「マイノリティなもの・人・悩み」を起点にしたプロジェクトです。

そして、僕は次第に「自分だってマイノリティだ」という当たり前のことにも気づいていきます。

そもそも「マイノリティ」と聞いて、どんなイメージを持つでしょうか。身体障害者、LGBTQ、難民……。定義自体が多義的で、その捉え方は人によってもさまざまですが、僕はいくつものプロジェクトを進めながら、マイノリティとは「今はまだ社会のメインストリームには乗っていない、次なる未来の主役」だということに気づかされました。

つまりマイノリティとは、「社会的弱者」という狭義の解釈ではなく「社会の伸びしろ」。人はみな、なにかの弱者・マイノリティである。

僕も、もちろんあなたも。

マジョリティとマイノリティは、人工的な線でスパッと分けられるものではなく、むしろすべての人の中に、両者は共存していたんです。

「超・個人的」な課題に、社会全体を巻き込めばいい

僕の中にいたのは、「極度の運動音痴」というマイノリティでした。

小学生のときから体育の時間が大嫌いでした。足は遅いし、球技となると「澤田が決めたら倍の点数な」とハンデをつけられる始末。足の速いクラスメートが女子たちからキャーキャー言われるのを横目に、僕はクラスで生き残るための活路として、「クラス新聞」を自主制作しはじめました。だれに頼まれるわけでもなく教室の出来事を記事化して、「はてなくんをさがせ」なんていう連載コーナーまでつくって、掲示板に貼っていました。

でも、だれからも注目されません。それどころか「澤田くんのやっていることは意味ないと思います！」と帰りの会で女子から鋭い宣告を受けました。

話が逸れました。

これは僕の恥部なので、ふたをして、ひもを何重にもグルグルと巻いて、見ないようにしていました。でも、どうして思い出したのかというと、出会ってきた障害当事者の影響なんです。

歩けない、見えない、聴こえない、集中できない。そんな障害は、ある意味では「弱さ」です。でも、一緒にプロジェクトを始めた仲間たちは、その弱さを開示していました。だからこそ僕は、「自分の広告をつくる技術を生かして、なにか力になれないか」と思ったわけです。なのに、当の自分は「スポーツが苦手」という弱さを封印している。直感的に、「これは損だ」と思った。

と同時に思ったんです。「運動音痴」という言葉が良くないな、と。「僕、運動音痴なんです」と勇気を振り絞ってカミングアウトしても、「なるほど。じゃ勉強がんばってね」などと返され、事態が一向に改善されません。

そして、閃きました。「運動音痴」というネーミングを変えられないか？　そこで、「スポーツ弱者（Sports Minority）」という言葉を考えました。

すると、なんということでしょう。なんらかの外的要因で、やむを得ず「スポーツをできない状況に陥ってしまった人」に見えてきます。

息子だって、同じくスポーツ弱者です。目が見えないと、どうしてもできるスポーツは限られます。

「僕はスポーツ弱者なんだ」。

そう口にすると、世界が変わる予感がしました。

運動が苦手でも、目が見えなくても楽しめる、まったく新しいスポーツ。既存のスポーツのように勝利至上主義だけじゃない、だれもが楽しめるようなスポーツ。そんなスポーツがあればいいんじゃないか――。

そして2015年、自分という弱者救済のために「世界ゆるスポーツ協会」を立ち上げました。

ハンドソープボール、イモムシラグビー、ベビーバスケ……。

「スポーツ弱者を、世界からなくす」ことをミッションにつくりはじめた「ゆるスポーツ」は、簡単に言うと「勝ったらうれしい、負けても楽しい」「運動音痴の人でもオリンピック選手に勝てる」「健常者と障害者の垣根をなくした」新しいスポーツで、これまでに90競技以上を考案して、10万人以上の方に体験してもらいました。

そして、木村拓哉さんやKAT-TUNの中丸さんといったタレントのみなさんにも、メディアで挑戦していただけるまでのエンターテインメントになりました。

それだけにとどまらず、東京2020オリンピック・パラリンピックのスポンサーであるNEC、富山県氷見市などの企業や自治体とタッグを組み、CMや広告の代わりに「独自のゆるスポーツをつくる」というビジネスにまで発展しています。

ゆるスポーツを始めた2015年当時、内閣府が行った世論調査によると、成人が週1回以上スポーツを実施した比率は40・4%。つまり、残り約60%の人がスポーツをする機会が年に数回あるかどうか、あるいはほとんどやっていませんでした。

そう考えると、1億人の半数以上、数千万人規模の「スポーツをしない人」マーケットを取りこぼしているという「穴」が浮かび上がったんです。ここにスポーツ弱者の視点を持ち込むことで、新たなチャンスが生まれるんじゃないだろうか——。

「切断ヴィーナスショー」「NIN_NIN」「041」「爺-POP」「ゆるスポーツ」。そのどれもが、超・個人的な課題から始まった小さなプロジェクトでした。それがいつしか、社会全体を大きく巻き込んだ新しい潮流になっていったんです。

マイノリティを起点に、働く。

その、とてつもないパワーに、僕は息を吹き返しました。

僕らが陥っていたのは、クリエイティブとは真逆の「納品思考」

社会に飛び出した22歳のときは、「クリエイティブの力で、もっとこの社会を居心地がいい場所にするんだ！」と大きな野望を抱いていました。

でも、多くのビジネスマンがそうであるように、気づいたらルーティン仕事がどんどん膨らんでいき、目の前の仕事に対してなんの疑問も抱くこともなく、流れ作業のようにこなす日々が続いていました。

このリズムに乗っていると、僕にとっての仕事のゴールは「とりあえず納品すること」になりました。「間に合った！」「〆切までに整った！」と、達成感を感じていたのも事実です。でもそれは、本来の目的ではなかったはず。

入社して6年が経ったある日のことです。

銀座にあるCMプロダクションの7階で、プレゼン用の資料を探していた夜21時頃。

ふと「この仕事って、なんのためにやってるんだっけ……」と思い、資料をめくる手が止まりました。そして、「自分は今の仕事に満足しているのかな？」という疑問がむくりと立ち上がりました。

昨日話題になったキャンペーンが、次の日には忘れさられ、別の話題に移っている時代。この爆速消費に巻き込まれながら、いやその消費を生むために僕らは息をつく間もなく働いています。

この終わりのない苦しみの正体。きっと広告業界だけでなく、日本で働く僕らみんなが陥っているのは、「納品思考」という病。働き方の問題にしても、一向に改善しない経済も……「納品したら、終わり」。その思考の連続が、すべての歪みの原因だったのかもしれません。

資本主義（＝強者）の伴走者のまま、才能を食い尽くされていいんだろうか？

世の中、とかく強くなるための理論が猛威をふるっています。

「でかい」とか「速い」とか「多い」とか。

20代の僕が広告をつくることに疲れてしまっていたのも、すべてはこの「強さ」だけに伴走することへの違和感からだったんです。

子どもの頃から、僕は数多くのクリエイターたちに救われてきました。

海外で学校に馴染めなくてしんどかったとき、もうピカピカの、憧れの存在がそばにいてくれました。X JAPANのhide、カート・ヴォネガット、カート・コバーン、江戸川乱歩、マイケル・ジャクソン、スヌープ・ドッグ。

でも、いざ社会に飛び込んでみると、あらゆる業界の「クリエイター」と呼ばれる職種の人たちが疲れていることに気づきました。

その原因は、持てる才能を経済が食い尽くそうとしているからです。

結局のところ僕らは、資本主義（＝強者）の伴走者として、その歯車となって動いています。強者の売上をさらに増やすために。

けれども一方で、みんな気づきはじめていると思うんです。

前年比10「1」％の売上、「四」半期目標達成といった数字をクリアするのが、すべてではないことに。労働人口は減少し、国内市場が縮小し、さまざまな格差が拡大する中、短期目標をクリアすることだけに僕らが全力疾走しても、息切れして潰れるだけだということに。

ある後輩が、こんなことをつぶやいていました。

「資本主義って、いったいどこを目指しているんですかね？」。

その答えは、経済学者にすらわかりません。

だれもわからないのに、僕らは単一的な生産性や業績に、向き合いすぎていたんじゃないかと思うんです。

弱さを受け入れ、社会に投じ、だれかの弱さと組み合わせよう

単一の反対は、多様です。

今、僕が進めている仕事は、ゆるスポーツも含めてどれも、息子や障害のある友人たちや自分自身の「できないこと」や「悩み」から生まれたもの。

「幸福な家庭はどれも似たものだが、不幸な家庭はいずれもそれぞれに不幸なものである」。トルストイの言葉です。

たとえば、映画監督に「幸福な家族を撮ってください」とお願いしたら、ある程度似通った画になると思います。家族で食卓を囲んでいて、大型犬がいて、暖炉があって、みたいな。一方で、「不幸な家族を撮ってください」なら、千差万別です。無数に表現方法はあります。

つまり、「弱さ」の中にこそ多様性がある。

だからこそ、強さだけではなく、その人らしい「弱さ」を交換し合ったり、磨き合ったり、補完し合ったりできたら、社会はより豊かになっていくと思うんです。

息子の目が見えないという「弱さ」と、自分のコピーを書けるという「強さ」をかけ合わせる。自分のスポーツが苦手という「弱さ」と、いろいろな人の「強さ」をかけ合わせる。

今、僕は「強さ」も「弱さ」も、自分や大切な人のすべてをフル活用して仕事をしています。弱さは無理に克服しなくていい。あなたの弱さは、だれかの強さを引き出す力だから。

弱さを受け入れ、社会に投じ、だれかの強さと組み合わせる——。これがマイノリティデザインの考え方です。そして、ここからしか生まれない未来があります。

この本に書いたことは大きく5つです。その1つひとつを一章ずつにまとめました。

1つ目は、「マイノリティデザインとは何か?」。

第1章には、広告というマスの世界から福祉というマイノリティの世界へ、僕が経験した人生のパラダイム・シフトとともに、たくさんの障害当事者に教えてもらった「今日の弱さは、明日の強さ」という考え方について書きました。

2つ目は、「才能の使い道を、スライドさせよう」という提案。
①本業で得た力を、本業以外に生かす ②マスではなく、ひとりのために ③ファストアイデアではなく、持続可能なアイデアへ。マイノリティデザインは、この3つのスライドから始まる、ということについて書きました。
3つ目は、「マイノリティデザインの実践例」。

第3章では、僕がもっとも多くの時間を割いている「ゆるスポーツ」について書きました。なにをきっかけに、マイノリティをどう生かし、どうやって人を巻き込み、なにをつくり続けているのか。その手順を共有します。

4つ目は、「自分をクライアントにする方法」。

息子に出会って僕は……こんな話をすると、よくこう言われます。「大切な人が思い浮かばない自分は、どうすればいいんですか?」。でも実は、自分の中にあるマイノリティ性こそが「運命の課題」。第4章では、それを見つける方法として、「自分宛の企画書」というフレームワークを提案します。

5つ目は、「マイノリティデザインのつくり方」。

この本の最後に、秒単位の「暇つぶし」ではなく、長生きする「生態系」そのものをつくるための、アイデアの出し方や言葉のつくり方をまとめました。

担ぎ手が渋滞している神輿より、道に置かれっぱなしの神輿を担ごう

そこはまるで手つかずの宝の山でした。マイノリティの世界を見渡せば、たくさんの神輿（みこし）が路上に放り出されていました。神輿は担ぎ手がいなければ、本来の輝きを放つことができません。だから、僕はその神輿を担ごうと思いました。

広告の世界には、僕以外にいくらでも担ぎ手がいます。重鎮もまだまだ元気だし、生きのいい若手も次々加わっていく。でも、マイノリティの世界にはまだ全然、担ぎ手が足りていないんです。僕が神輿に手をかけ、ひとりで担ぎはじめてしばらくすると、「楽しそうだね」「僕も一緒にいい？」と、1人、また1人と仲間が増えていきました。

今では会社の中にも外にもたくさんの仲間がいて、みんなで大通りを練り歩けるくらいの人数が集まってきました。

この世界にはまだまだ、担ぐべき課題があります。あちこちに散らばるマイノリティ1人ひとりに、固有の――「ユニーク(unique)」な課題があるからこそ、ユニークな答えが見つかる。そんなまだ見ぬ新大陸は、マイノリティは、きっと福祉以外にもたくさん隠れている。

マイノリティの定義を大胆に広げ、「スポーツ弱者」のような新しいマイノリティを次々に可視化していくことで、拓けていく未来がある。

この本では、僕なりに悩んで、もがいて、そして掴んできたすべてをお伝えします。

今、働くことに悩んでいるすべての人に、あなたが持つ素晴らしい才能に、今一度あかりを灯すための火種となるように。

どうか伝わりますように。

澤田智洋

第1章

マイノリティデザインとは何か？

――広告から福祉へ。「運命の課題」との出会い

最初は営業マン、お得意様の「お金の使い方」を決める仕事

2004年、広告会社に入社して最初に配属されたのは営業局でした。とあるカメラメーカーのメディア担当、の中の雑誌広告を任されました。年間予算額が数千万円あって、達成したい売上目標があって、6月には『週刊文春』の表4（裏表紙）にデジカメの広告を出して、7月にはスポーツイベントがあるから『Number』に一眼レフの記事広告を掲載して……と、毎月どの雑誌にどれだけ広告予算を配分するのかを決める仕事。

目の回るような忙しい日々。でも、お得意様に身を捧げる仕事は楽しかった。先輩方にも助けられながらほうほうの体でしたが、まったく知らなかった世界にワクワクしていました。

貯金すらろくにできていなかった自分が、大きな予算管理をできることにも驚きまし

たし、なにより幸いだったのは、クライアントのみなさんが良い方ばかりだったことでした。ボーナスが入ると、僕はそのメーカーのデジタル一眼を買いました。はじめて「人に尽くしたい」という思いが芽生えたのを覚えています。

と同時に、コピーライターになる夢も諦めていませんでした。

僕が入社した年は、「いきなりクリエイティブ局へ」という道はなく、はじめの1年は必ず営業やPRなど、直接クライアントと接する部署に配属されるようになっていました。

第一志望は、クリエイティブ局。いつか来るその日のために僕は1年間、「言

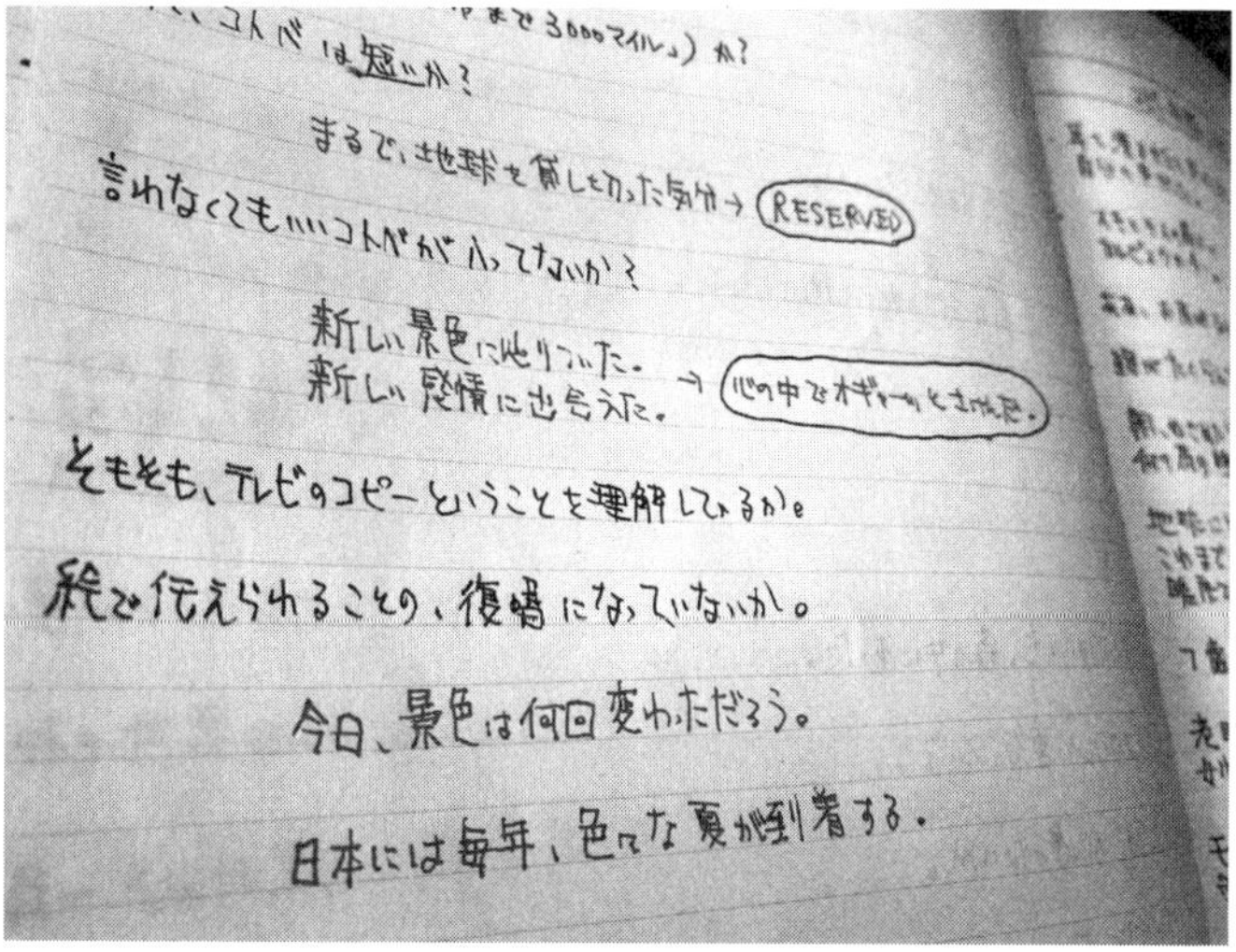

葉と感情と表現」に関する研究を続けました。「人はどうして笑うんだろう？」「このコピーはどうして人の心を打つのだろう？」。いつしか、研究を書き留めたノートの数は10冊を超えていました。

生まれたときから僕は「部外者」だった

広告会社に拾ってもらえたのは、とてもラッキーなことでした。というのも、僕は生まれたときから、いつも「自分はアウトサイダー（部外者）だ」と感じていたからです。

父親の仕事に合わせて、ずっと海外を転々としていました。生後3か月でフランスへ行き、その後イギリスで1歳から7歳、小1で日本へ戻り小5まで過ごし、すこし不自然な日本語を話す僕は、「ガイジン」なんてバカにされたこともありました。

5年生からはまたフランスへ戻り、日本人学校を経て、中1からはパリにあるイギリス人学校へ。でも、4年間の日本生活ですっかり英語を忘れてしまっていたため、今度はクラスメートと会話することさえままなりませんでした。

つまり、日本では「ガイジン」「帰国子女」だし、海外では「日本人」「アジア人」という部外者だったんです。故郷がない、どこでもアウェイ状態。

日本と海外。どちらにも属しているようで属していない状態は、地に足がつかず、いつもフワフワしていて苦しい。

するとなにが起きたかというと「ヒト」が苦手になりました。それも、ヒトと接するのが億劫になるとかいう以前に、生き物としての違和感を覚えるほど。

たとえば、「どうして人間の肌ってツルツルなんだろう？」とか。全身の毛を刈られたプードルを見ると、違和感を覚えるじゃないですか。僕はある時期、それと同じようにヒトに対して「なんでツルツルなんだろう」「変な進化だな」と思っていたんです。

どうしても自分が、「ヒト」の一員と思えなかった。どこにも属せなかったがゆえの屈折。今思うと、かなり危うい状態です。

フランスの「蝶々」で言葉の、アメリカの「海軍募集CM」で広告の力を知った

鬱屈した少年時代を送った僕には、夢中になれるものがありませんでした。スポーツを観るのは好きだけど、特定のチームを応援することはない。人の人生にも自分のそれにも、どこか無関心。

ただ、少なくとも本を読んでいる間は、その重苦しさを忘れることができました。フランスにも一応、日本の本が置かれた図書館があり、週1回出かけては上限いっぱいの20冊を借りていました。家でひたすら本を読んでは、またあくる週に新しい本を借りてくる日々。

その甲斐あってか、授業で作文を書くと、先生からよく褒められました。海外で暮らしていたこともあり、言葉とはなにかよく考えるようになりました。

たとえば、フランスでは「蝶」も「蛾」もひっくるめて「papillon（パピヨン）」と呼

びます。なので、日本人からするとあまり好ましくない「蛾」のことを、フランス人は「パピヨンだよ！キレイだね」なんて、肩にとまっても気にしないんです。

「そうか、この世界は、言葉によって定められているんだ――」。

言葉というのは、おもしろいものだな。書くことは楽しいな。そう感じはじめると、世界がすこし違って見えてくるようになりました。「この世界って、あんまり好きになれないけど……どんなに居心地の悪い世界でも、自分の言葉で、好きな世界に変えられるかもしれない」。

中3になり、今度はアメリカで暮らすことになりました。そして、渡米から3年の月日が経った頃。テレビである広告を目にしました。

船の上で海兵たちが一列に並んでいる。スーパーヒーローみたいに、みんな筋肉隆々だ。光に照らし出された彼らのシルエットを背景に、最後はこんな言葉で締めくくられます。

「君もこの国を守るヒーローにならないか？」。

海軍の入隊希望者を募るＣＭでした。

「う……無理」。大袈裟に演出されすぎたそのＣＭに「ギャグみたいだな」と思った僕でしたが、翌日学校へ行くと、男子たちが異様に盛り上がっているんです。「あのＣＭ観た？」「超カッコよかった！」「アメリカ海軍に、俺はなる！」みたいな。そのうちひとりは、その後、実際に入隊していました。

すっかり色めきたつ彼らの様子を見て、僕はハッとしました。言葉には、世界を規定する力がある。そして、知ったんです。その言葉とタッグを組む広告には、人を動かす力がある、と。

「境界線上」に立つ、アウトサイダーにこそ価値がある

次第に「歌詞」にも興味を持ちはじめ、思い立ってギターを買い、音楽にのめり込む中であることに気づきました。「J-POPの要素をアメリカのロックに混ぜたらおもしろ

いかも……」。

当時、日本では「L'Arc-en-Ciel」が大流行していましたが、あの表現豊かなボーカル、繊細なギターや複雑なベース、超絶技巧のドラム、そしてドラマチックな楽曲の構成は、アメリカのMTVを一日観ていても、似たバンドがいなかったんです。

そこで、アメリカ人のドラマー、日本人のベーシスト、僕がボーカルギターでスリーピースバンドを組み、日米のロックを混ぜたような音楽をはじめると、「ユニークな楽曲だ！」ということでアメリカ人プロデューサーの目にとまりました。そしてなんと、小さな規模ではありますがインディーズデビューできたんです。

「え？」。

拍子抜けしました。正直僕は歌がうまいわけではないし、ギターもそこそこ。なのに、「アメイジング！」と褒められ、ハイタッチなんかしているんです。

僕は気づきました。「日本とアメリカ、つまり『境界線』の上に立っていることはそれ自体が価値になるんだ」と。

高3で日本に帰国して、大学3年生になり、就活が始まりました。商社、金融、メーカー。あらゆる人に会いにいき、中でも広告業界の人たちに惹かれるようになりました。

さまざまな企業とパートナーシップを組み、点在する情報を掛け合わせ、新しい価値を生み出し、それを広く世の中に届けようとしている。企業と企業、業界と業界、あらゆるものの「狭間」に立ち、物事を常に俯瞰的な見方で捉えている。

「あ、広告マンも、境界線上に立っている人たちなんだ」。

そう気づいた途端、「やっと話のわかる人がいた」「なんか気が合うかもしれない」と、期待に胸が大きくふくらみました。しかもそこには、コピーライターという、言葉を扱うプロフェッショナルな仕事があったんです。

予算をかけた派手なＣＭよりも、アイデアのあるＣＭに惹かれた

営業としての1年目を経て、2月、転局試験が行われました。受かるのは、同期18

0名のうち20名。試験は「写真で一言」のようなアイデア出しや、クライアントを想定した企画提案など。

研究が実を結んだのは、試験そのものよりも面接でした。「君はどのCMが好きなの？」という質問を受けたんです。帰国子女ということもあり、僕は日本のタレント事情に詳しくありません。だからタレントCMの良さがあまりわかっていない。膨大な予算をかけた派手なキラキラしたCMも、ニヒルに育った身としてはちょっとしんどい。

そこで僕が選んだのは、超ニッチなCMでした。

海外のジップロック（のような）商品のCM。

白い空間に、チクタクと音を立てながら秒針を刻むコンパクトな置き時計があります。その時計をジップロックの中に入れると、「チクタク」のスピードが「チ…ク…タ…ク」と遅くなります。そこに締めの広告コピー。

「それは、時間をスローにする」。

衝撃を受けました。だって、このCMに予算なんてたぶんほとんどかかっていません。でも、「時計の効果音がゆっくりになる」という企画だけで、このCMのコンセプトも商品の素晴らしさもビビッと伝わってきました。

「うわ、こんなCMつくりたい！」。面接でも、滔々（とうとう）とこのCMの素晴らしさを語りました。すると、審査員が言いました。

「確かに予算をかけなくても、やっぱりアイデアが大事ですよね。その通りだと思います。よくこのCMを見つけてきましたね」。

後日、営業の先輩がニコニコしながら僕の席に近づいてきました。「澤田、おめでとう！」。なんと、クリエイティブ試験に合格したのです。

クリエイティブ試験に合格。でも、花開かなかったコピーライターの才能

配属されたのは、クリエイティブ局のコピーライター職。会社にはメンター制度があ

り、僕はあるコピーライターの師匠のもと、経験を積むことになりました。

師匠の言葉には、場をねじ伏せる力がありました。

「つまり、こういうことですよね？」。

お得意様との打ち合わせの席上、話を1時間ほど聞いたその場で、万年筆でサラサラっとたった1行の言葉を書いてみせるんです。すると、「そうそう！　そうなんです！」「うわ、これでいろんな企画ができそうですね！」と方向性が見えてきて、その場が希望にあふれてワッとみんながひとつになるような、まさに「言葉のプロ」でした。

「この1行を書けるようになりたい――」。そう思って、必死に食らいつきました。でも、師匠からは「んー、イマイチなんだよなぁ」とダメ出しばかり。自分にも他人にも課しているハードルが異常に高い方でした。

その間にも同期たちは次々にアイデアを形にして、活躍しつつありました。広告コピーが採用されて、大看板に広告が大きく掲出されている。描いた絵コンテが全国ネットの番組でCMとして放送されている。僕も彼らと同じように、同じフロアで、同じ時間に、コピーを書いたり企画したりしているのに。

この雲泥の差はなんなんだろう？　あぁ、表現したいこと、伝えたいことがたくさんあるのに、僕はその土俵に立つことすら許されていないんだ。

僕には、才能がなかったんだ――。

はじめて広告が掲載された日、僕は山手線に乗って1周した

鳴かず飛ばずどころか、「いたの?」レベルで存在感をなくしたまま1年が経ち……。

どうしようと焦りが頂点に達していたとき、たまたまほかの先輩から声がかかりました。

「ちょっとこの仕事を手伝ってもらえない?」と誘ってもらえたのは、サントリーの新商品の広告。お題は「新呼吸」という商品名の、酸素入りスパークリング飲料。

僕は当時、師匠から「1行」を認めてもらえていなかったので、逆に広告枠ギリギリいっぱいまで長文のコピーをしたためました。

さえないビジネスマン（僕のよう）が動物園で観た「徘徊するシロクマ」に自分を投影し、衝動的にタイへと降り立つ物語です。

その長文に、「クルンテープ・マハーナコーン・アモーンラッタナコーシン・マヒンタラーユッタヤー・マハーディロック・ポップ・ノッパラット・ラーチャタニーブリーロム・ウドムラーチャニウェートマハーサターン・アモーンピマーン・アワターンサティット・サッカタッティヤウィサヌカムプラシット」という、タイの首都バンコクの正式名称を5回も入れました。

今2、3行読み飛ばしましたよね？

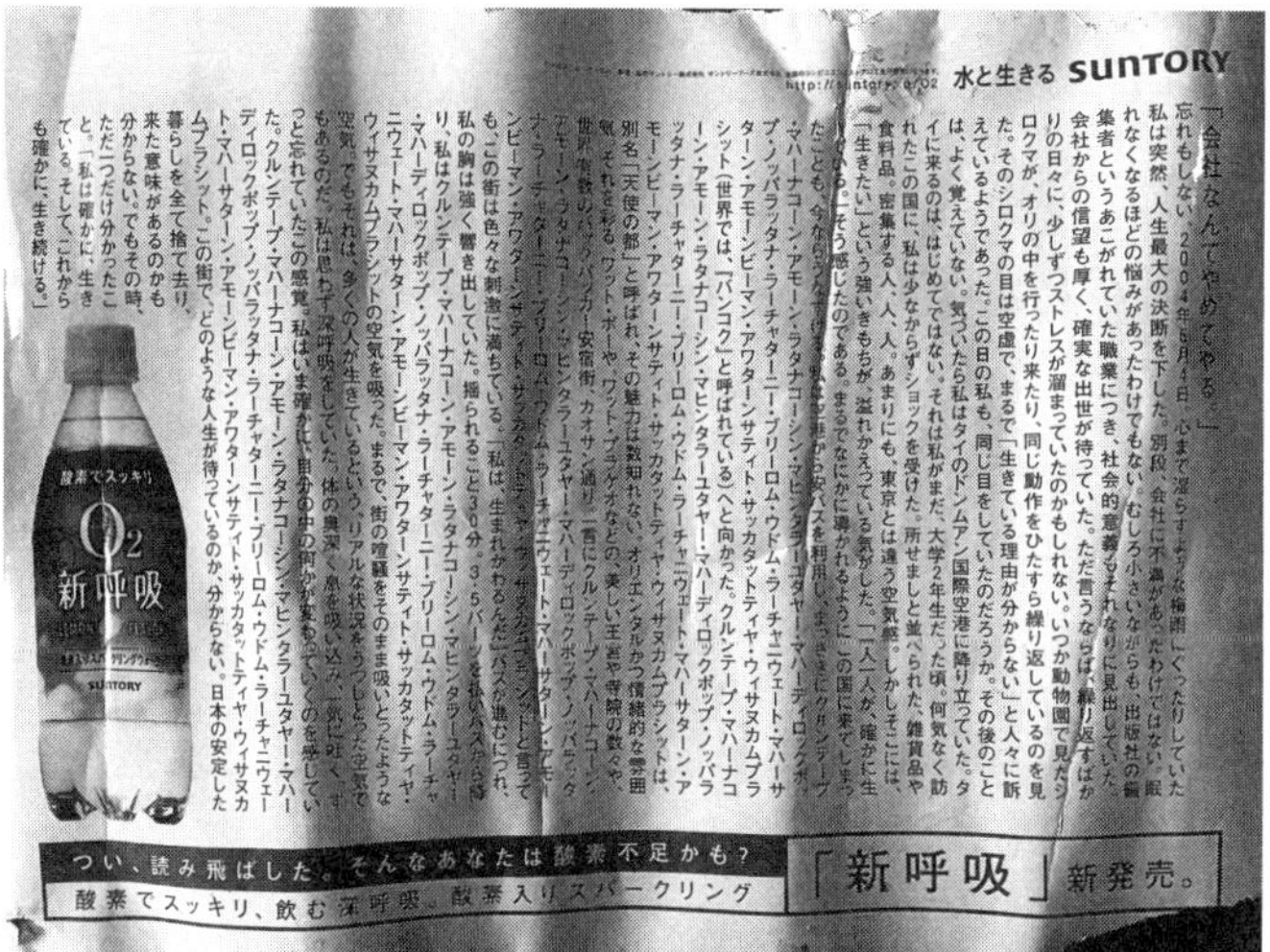

というわけで、広告紙面の下には「つい、読み飛ばした。そんなあなたは酸素不足かも？　酸素でスッキリ、飲む深呼吸、酸素入りスパークリング『新呼吸』新発売。」と案内文を加え、かくして2006年6月、僕のデビュー作が世に放たれました。

全国紙の新聞全5段広告と電鉄各社の車内広告。

当日、山手線に乗ってみると、いきなりジッとその広告を見ている人に出くわしました。「一生懸命つくったけど、スルーされるかな……」。その視線の行方を追ってみると、「クルンテープ・マハーナコーン……」と何度目かに出てくるあたりで、ニヤリとしている。

瞬間、「伝わった！」と震えました。

伝えるってむずかしいじゃないですか。届けるってむずかしい。

でも、その瞬間はまるで、人間社会と僕がようやく、正式に契約を結ぶことができたような感覚でした。うれしくてうれしくて、僕はその車両に乗ったまま山手線を一周しました。

業種は違えど、こういう「はじめての喜び」って、きっとみなさんの記憶の中にもありますよね。

映画「スーパーマン」のコピーが、渋谷駅ハチ公前の大看板になった

次にチャンスが巡ってきたのは、その2か月後。映画配給会社ワーナー・ブラザースの仕事でした。しかも作品は「スーパーマン リターンズ」。あの超大作の続編です。掲出先は、見たことがある人も多いかもしれません。渋谷駅のハチ公が見つめている、あの駅名下にあるビルボードです。

広告のビジュアルは、すでに決まっていました。「暴走する電車をスーパーマンが必死に止めている写真」。その下にキャッチコピーを入れてください、という仕事。

「いやぁ、なんて楽しいお題なんだ」。

今までのうっぷんを晴らすように、僕はアイデアを考えはじめました。

「スーパーマンと言えば、ピンチに助けに来てくれるスーパーヒーロー。じゃあこの絵は、だれを守ろうとしているのだろう……？」。

頭をよぎったのは、渋谷を闊歩するギャルたちの姿でした。

当時、渋谷では、若者が家に帰ろうとしないことが社会問題化していました。「イベサー」「ギャルサー」と呼ばれる若者集団が集まり、その文化を牽引していた一方、深夜まで渋谷の街にたむろし続けていたんです。

「じゃあ映画のストーリーを、渋谷という街の文脈と掛け合わせてみたらいいんじゃないか」。そう考えた僕は、こんなコピーを書き上げました。

「彼が守ってくれてる間に、みんな早く帰ろう。」決して派手なコピーではありませんでしたが、担当者がとても気に入ってくれたうえ、映画もヒット。

それから、ようやくすこしずつ指名がかかるようになり、地上波ＣＭをはじめ担当領域もどんどん広がっていきました。

花形だったＣＭプランナーへ。そこは数千万人にリーチする世界……でも

ＣＭプランナーは、広告業界の花形。いまやネット広告費がテレビ広告費を上回る時代となりましたが、当時はまだテレビＣＭが圧倒的に力を持つ時代でした。

気づいたら僕も、同時に何本ものＣＭを担当するようになっていました。だれもが知っている企業のＣＭに、だれもが知っているタレントを起用する。とてもメジャー感あふれる仕事です。

自分が考えたＣＭが全国で放映されていく。「このあいだ澤田がつくったＣＭ観たよ！」「なんか賞獲ったんでしょ？　すごいね！」……友人たちから、次々とメールが届きました。はじめのうちはなんだか誇らしい気持ちでいっぱいになっていましたが、いつしか僕はその日常に慣れていきました。

テレビＣＭがどれだけの人の目に触れたのか。

それは「ＧＲＰ」という視聴率の合算によって計算されます。「ゴールデンタイムのこの番組と、プライムタイムのこの番組で放映されたので、計２０００ＧＲＰでした」という数字で、クライアントには報告されます。

でも、僕ら広告会社のクリエイターは、その２０００ＧＲＰという数字の向こう側にいる、一人ひとりに会うことはありません。自分がつくったＣＭに対する反応を直接は見ることができません。

ましてや、今ほどＳＮＳが発達していない時代です。

もちろん、向き合っているクライアントの反応や売上目標の達成度などによってフィードバックは得られますが、「生活者の顔を見ずにパソコンとばかり向き合っていていいのかな？」という違和感が、次第に頭をもたげはじめました。

大きなプロジェクトに関われば関わるほど、チームの人数も増えていきます。そのたびに、「自分ってなんのためにここにいるんだろう？」という疑問も浮かんできました。

たとえるなら、数十人、下手すると１００人がかりで担ぐのが「広告プロジェクト」という名のお神輿です。

「これ、ひょっとして……自分が足を止めても、手を下ろしても、神輿は前に進んでいくんじゃないの?」。

ペルソナって、本当に実在するんでしょうか?

夜中に資料を探しながら、ついに働くうえでの「禁断の疑問」を頭に浮かべてしまったんです。

「この仕事って、だれのためにやってるんだっけ?」。

本当に自分は、会社と、社会に、なにか役立っているのだろうか? 次々に疑問があふれてきました。

広告をつくるとき、企画書にはこんなペルソナ(顧客像)が設定されます。

「20代女性で大手企業に勤める一般職。実家に暮らしているが、ひとり暮らしをするために貯金をしている」「40代男性で中間管理職をつとめる会社員。ランチ代は600円以内」……。

多数派だと見込まれるターゲットを「想定」して、「彼ら」に刺さる「ような」CMをつくる——。もちろんペルソナが有効な局面もあるのでしょう。

でも、それって「だれ」なんでしょうか……。本当に、そんな人いるんでしょうか。

まるで、はじけて消えるシャボン玉を無限につくる仕事をしているような

僕は「広告作業」に疲れを覚えていたのでしょう。

CMの場合、クライアントからのオリエンテーションに始まり、企画を練り、絵コンテを描き、企画書をつくり、プレゼンし、戻しを受けて、修正し、再プレゼンをし、企

画決定したら監督を決め、制作スタッフを決め、撮影して編集して、オンエアされるまでに数か月。

でも、放映されるのは1～2週間だったりします。キャンペーン期間が終われば、もう流れません。どんなに苦労して考えて、徹夜続きでなんとか完成させたとしても、オンエアが終わればすべてリセットされて、また次のCMの制作が始まります。

たとえるなら、まるでシャボン玉を無限につくり続けているようなもの。「パチン！」と弾けては消える、はかないものです。

もちろん、この考えは極論です。CMが、短い期間で一気に商品の認知度を上げたり売上を伸ばしたり、ブランドイメージを上げることができるのは間違いありません。今この本を書いている2021年時点でもその効果は高い。これは揺るぎない事実です。

でも、ひとりの働き手としては。

膨大な時間を広告制作に割いていることに対して、なにか手触り感がなかったんです。同じようなはかなさを、あるいはむなしさを抱えながら働いている人が、今、日本のいろんな職場にいたりするのかな、なんて。

自分の人生が「芯を食っていない」、そんな感じ。

そろりと本流からズレ始めてみよう。「R25」連載マンガ

そこで僕は、やり方を変えようと思いました。

まずやってみたのは、広告で培ったスキルは生かしながらも、その力を「広告以外」に使ってみたらどうなるか？　という実験です。

「マンガを連載したいな」と、ふと思い立ちました。そして生まれたのが、『キメゾーの「決まり文句じゃキマらねえ」。』です。オンライン化された「新R25」の前身で、当時は飛ぶ鳥を落とす勢いだったフリーペーパー「R25」という雑誌での連載でした。

フランスにいたとき、孤独な時期にひとりでマンガを描いていました。あの頃の楽しかった記憶が蘇り、「今ならどんなマンガが描けるんだろう？」と思ったんです。

当時、雑誌局に所属していた同期に相談しました。すると彼が、「ひとつ可能性がある」とキラリと目を光らせた。

「キメゾーの決まり文句じゃキマらねえ。」
「君は星のように綺麗だ」篇
澤田智洋 & オス山メス太郎
いとけん
君は星のように綺麗だ。
そんな決まり文句じゃ、口説けねえよ。俺にキメさせな。
ゆらぁ
今宵も、北斗八星が綺麗だね。
え…八星？七星じゃないの？
だって、ほら。1、2、3、4、5、6、7、
8!!

そこからチームをつくり、企画を立て、サンプルも仕上げ、先輩にプレゼンしました。

そして、なんと企画が通ったんです。アイデアはこうです。

「君の瞳に乾杯」とか「娘さんを僕にください」とかありふれた常套句を、キメゾーが「そんな決まり文句じゃキマらねぇ」と一刀両断して、オリジナリティあふれる口説き文句をキメる。たとえば、「DEAD or 俺とつきALIVE?」。そして盛大にスベる、というストーリーです。

僕はその頃、キャッチコピーの鍛錬の一環で「口説き文句」という言葉の研究に勤しんでいました。その成果をマンガに落とし込むことにしたわけです。「R25」の読者層は、25歳前後の会社員男性。まさにど真ん中の企画になる予感がしました。

キメゾーは6年連載を続けましたが、その間に企業とのコラボが次々と生まれました。ドミノピザ、TOYOTA、SUBARU……。

キリンのグリーンラベルとキャンペーンを組んだり、雪印メグミルクとはコラボプリンの開発も行いました。「ブレイク前夜」と言われ続けながら結局ブレイクしなかったんですが（笑）、はっきりと手応えを感じた仕事でした。

「つくって終わり」ではない「ストック型」。連載を続けるごとにグッズ化し、アニメ化し、コンテンツが成長していく。ファンのような方からもメッセージをいただく機会があり、「ちゃんと届いている！」という実感がありました。

その感触は、ＣＭという「フロー型」のクリエイティブに疲れていた僕にとって、とてつもない喜びでした。

広告したい企業を、自分で選ぼう。ロイヤルホストの「黒×黒ハンバーグ」

次にやったのは、「自分が広告したい企業を、自分で選ぼう！」運動でした。クライアントからの依頼を待たずに、好きな企業に、自ら飛び込んでいこうと決めたんです。

白羽の矢は、すでに立てていました。ロイヤルホストです。

ロイヤルホストは僕にとって、第二の仕事場でした。入社1年目の頃から、クリエイティブ職を目指して夜な夜な「言葉と感情と表現」の研究をするため、家の近くのロイヤルホストに通うようになりました。いつ行っても居心地が良くて、僕をあたたかく迎えてくれる（僕以外の人も当然、あたたかく迎えてくれる）場所。

そして、ふと思ったんです。「もしロイヤルホストの広告をつくることができたら、めちゃくちゃ愛をこめて、もっと楽しく仕事ができるんじゃないか？」。いてもたってもいられず、社内システムでだれが営業を担当しているのかを調べてみました。すると、だれもいなかったんです。「……運命だ！」。僕がやるしかない、そう思いました（勘違いしました）。

まず、同期のアートディレクターに相談をし、グラフィック（ポスター）のラフ案をつくりました。こんなイメージです。

そこは、ロイヤルホストの店内。コート掛けに腕時計がぶら下がっている写真に載せたのは、「たまには、人生を休みましょう。」というキャッチコピー。せわしない日常の中で、安らげる場所がロイヤルホストだ、と伝えたかった。これは、僕自身がお店で体感した価値そのものでした。

次に僕は、「ロイヤルホストのウェブサイトから代表電話に連絡する」というストレートな方法に打って出ました。

「あの、はじめまして……わたくし広告会社につとめている澤田と言います。御社のファンでして、勝手にグラフィックをつくったんですが、一度ぜひ見ていただけないでしょうか？」

不審者感がすごい。あまりに一方的です。

ただ、さすがは「Hospitality Restaurant」のロイヤルホスト。「ありがとうございます。うれしいです！　ぜひ一度見せていただけますか？」と、快い返答をもらいました。

面会の日、僕は極限まで緊張していました。なぜなら、それまでの「お得意様訪問」はチームで行うことが常だったからです。この日は、僕ひとり。若造コピーライターがひとりで行っていいものだろうか……。ひょっとしてとんでもなく失礼なことをしていないだろうか……。不安でたまらず、ロイヤルホストの本社に入るとき、すこし足が震えていました。

でも、出迎えてくれた隅田さんという女性がとてもやさしく、「こんなポスター勝手につくっちゃいました」という一方的な告白に対して、「あ、これはうちっぽいですね！」と好意的に受け止めてくれました。

これがご縁で、いくつもの仕事をご一緒するようになりました。CMもつくったんですが、そのときデビューのお手伝いをした商品は、「黒×黒ハンバーグ」。今ではロイヤルホストの看板メニューのひとつです。

ひとりで飛び込んだ仕事が、そのまま会社の仕事になっていった。大好きな企業のために自分の力を発揮できることに幸せを感じました。

世界の片隅で「好きなことをやれたらいっか」とせっかく思いはじめたのに

それから、ロイヤルグループのひとつ、「天丼てんや」という天丼屋さんのプロモーションという依頼もいただきました。年に数回季節の新商品を出している。もっとその事実を周知させたい。ただし、テレビＣＭを打つだけの予算はない、ということでした。

さあ、どうしよう？
２０１１年、天丼てんやは「冷やし天茶」という新商品を出そうとしていました。これは、「天ぷらに冷たい出汁をかける」という画期的な商品です。「ロックだ……」。このアイデアを聞いたとき、まっさきに思ったんです。なんて大胆な商品戦略なんでしょうか。「え、待てよ。ロックといえば……天丼とバンドって掛け合わせられないか？」。

そこで、メタルバンド「エビメタ・バンド」をゼロから結成することにしました。特徴は、天丼てんやが新商品を出すごとに、それと呼応するように新曲を出すこと。まずは「冷やし天茶」発売のタイミングで、「HIYASHI-TENCHA」というメタルソングをリリースしました。

すると、あれよという間にビクターエンタテインメントからメジャーデビュー。「Quick Japan」というカルチャー誌での連載も始まり、話題になりました。「TORI-TENDON」「EBIEBIEBI-TENDON」といった新曲も次々と発表し、それに合わせて新商品の認知も広まっていったのです。

バンドとは、解釈を変えればひとつのメディア（媒体）です。

この仕事でうれしかったのは、予算があまりないという制約の中で「商品発表に合わせて楽曲発表するバンド」という、従来の広告の枠にとらわれない企画をつくれたこと。「キメゾー」と「ロイヤルホスト」の仕事をしながら、自分が納得のいく仕事とはどんなものなのか、という実感を掴みはじめました。「なんか王道からは完全にズレてしまったけど、でも楽しいし、こんなふうに広告業界という世界の隅っこで、自分のペースで働いていけばいいのかな」なんて思いはじめていました。

けれども、僕の人生はここから大きく軌道修正することを余儀なくされます。

「広告は、いったい何をしてきたんだろう？」さとなおさんは書いた。

僕も30代になったある日のこと。コミュニケーション・ディレクターの「さとなお」

さんが書いた、こんな記事を目にしました。
当時、家電メーカーの業績が悪化していたときのことです。

2013/3/25 post

最近、広告人と話すとき、「シャープやパナソニックやソニーの凋落をどう思うか」と話題を振ってみることがある。そして少し絶望的な気分になる。だれもそのことを恥じていないからだ。少なくともボクが話した人たちはピンと来ていなかったし、積極的に恥を感じている人に会ったことはない。「おかげで広告の売り上げが下がったよ」と嘆く人が多い

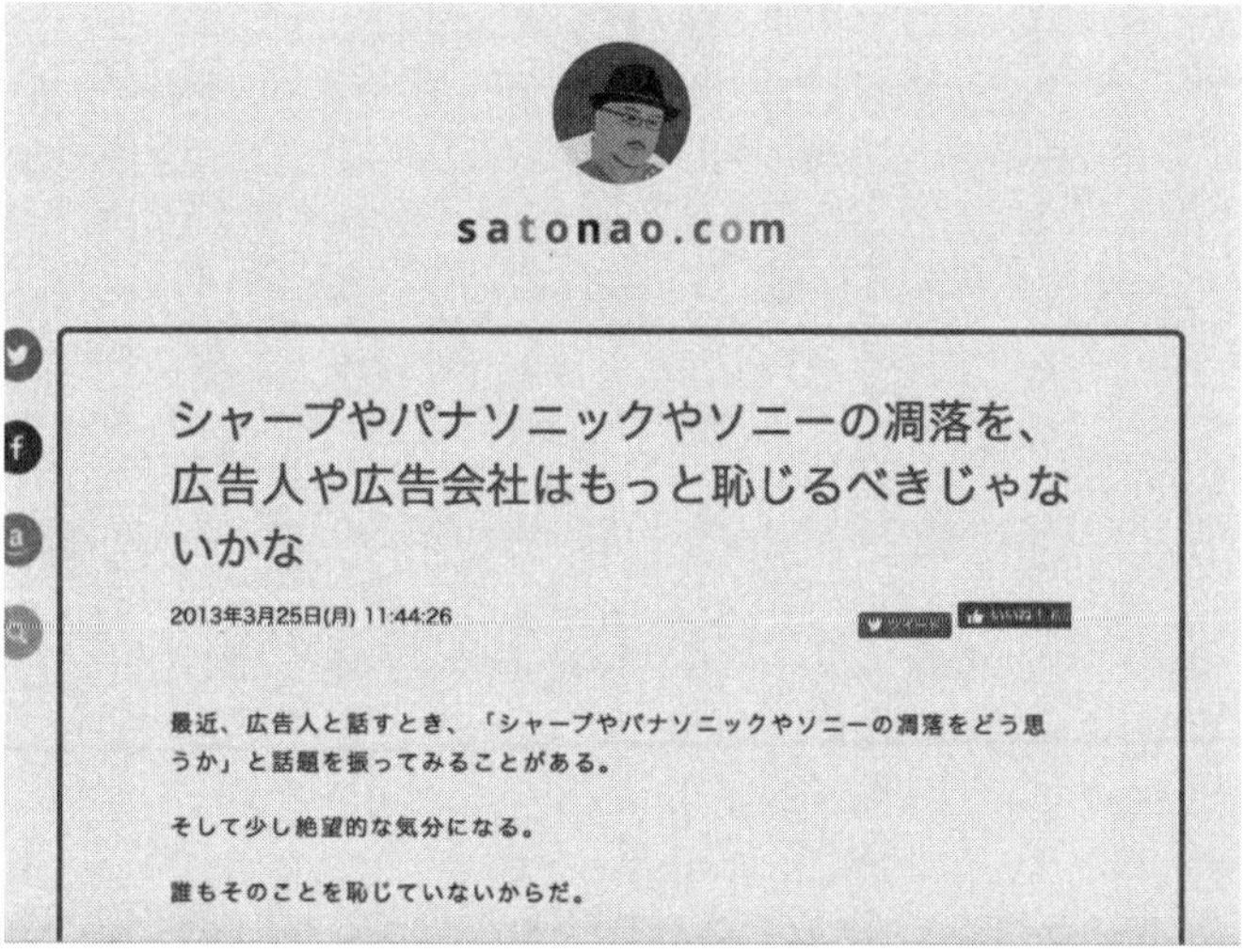
satonao.com
シャープやパナソニックやソニーの凋落を、広告人や広告会社はもっと恥じるべきじゃないかな
2013年3月25日(月) 11:44:26
最近、広告人と話すとき、「シャープやパナソニックやソニーの凋落をどう思うか」と話題を振ってみることがある。
そして少し絶望的な気分になる。
誰もそのことを恥じていないからだ。

し、客観的に（他人事みたいに）各社の戦略ミスや製品の開発姿勢などを批判する人すらいる。まぁわかるんだけど。でもさ、もっと恥じようよ。広告人、もしくは広告会社は、シャープやパナソニックやソニーの凋落を恥じるべきだし、そのことをもっと反省してやり方を変え、違う姿勢でクライアントに向き合っていかないといけないとボクは思う。シャープやパナソニックやソニーがこれまでどれだけ広告費を使ってくれたか。そして我々広告人や広告会社は、商品広告のみならず、イメージ広告やブランド広告、イベント、販促などを駆使して、シャープやパナソニックやソニーのファンを作ってきたはずなのである。なのに、少なくとも、それを目標に広告コミュニケーションを考えてきたはずなのである。なのに、生活者は、ちょっと他メーカーでいい製品や安価な商品が出たらすぐそっちに行ってしまった。ファンとして応援する声も（一部を除いて）聞こえてこなかったし、業績が悪い会社の商品を買い支えるなんてことも起こらなかった。広告はいったい何をしてきたんだろう。

頭をなぐられたようなショックを受けました。

僕自身、もがきながらも自分なりの働き方を模索していたつもりでした。でも、そもそも「広告会社自体の存在価値ってなんだろう?」と考えざるを得なくなった。

そして、そんな僕にさらなる追い討ちをかける出来事が起こりました。

生まれて3か月目に、長男の目が見えないことがわかった

それは、まったく想定していなかったことでした。

2013年1月、僕ら夫婦に第一子が誕生しました。元気な男の子です。右も左もわからないことだらけでしたが、もともと子どもが大好きなので充実した日々でした。

でも、3か月ほど経った頃、つまり、さとなおさんのブログを読んだ翌月のこと。彼の目が充血してきました。妻は「念のためお医者さんに診てもらおう」と、近くの眼科へ息子を連れていきました。

すると、眼科の先生は深刻そうな顔で、こう告げたと言うんです。

「異常があるんですが、ここでは手に負えません。改めて大きな病院で診てもらってください」。

その日、仕事を中断して、家に飛んで帰りました。息子の様子はいつもと変わりません。でも、風景は一変してしまいました。

恐るおそる「目 充血」「目 障害」と検索してみると、今まで自分がまったく知らなかった目の病気の世界が広がっていました。眼球摘出をするような事例も出てきて、ショッキングな検索結果に頭がクラクラしました。昨日まで、ごく普通の生活だったのに、これからいったい息子はどうなるんだろう?

翌日、都内でもっとも大きい小児病院へ連れていくと、すぐにいくつかの検査をすることになりました。そして、病名が明らかになりました。

息子の右目は「網膜異形成」、左目は「網膜ひだ」という先天性の障害。緑内障と白内障も併発していました。つまり、息子の目は見えないことがわかったんです。

緑内障と白内障が進行すると、めまいや吐き気といった症状が出る可能性があるため、手術をすることになりました。生後半年にも満たない体で5月に一度、7月にもう一度。

命に別状はないものの、目が見えるようになることはないであろうという現実を、受け入れざるを得ませんでした。

終わった、と思いました。

コピーライターなのに、広告コピーが書けなくなった

その日から、仕事が手につかなくなりました。

当時、担当していたのは僕が得意とする「ちょっと笑える」仕事。ユーモアを考えるのが大好きだったし、得意だったから、僕はそんな、(誤解を恐れずに言えば)くだらないことばかり考えて、それを仕事にしていたわけです。

でも……まったくギャグが思いつかない。全然コピーが書けない。企画が浮かばない。

たとえばチョコのCM。チョコが大好きな千代子（ちょこ）という女の子が主人公で。チョコを食べすぎて学校に遅れてしまい「千代子、レイト（遅れる）」とダジャレで誤魔化してその場をしのいで……いやダメだ、全然おもしろくない。

頭の中はすべて絶望に占められ、僕はもはやそれまでと同じように仕事をすることができなくなりました。

なんにもわからなくなったから、障害当事者200人に会いにいく

そこから、希望探しの旅が始まりました。

息子の病気が判明して、これまでまったく意識していなかった「障害者」という存在に、ピントが合ってきました。

そういえばフランス時代に、知り合いの日本人家族にも知的障害のお兄ちゃんがいたなとか、アメリカの現地校にも視覚障害のある女性がいたなとか。今まで自分のことで精一杯だったから、そういった人に目を向ける余裕がなかった。小4のときに塾のテキストで、「耳の聞こえない女の子が雪が本当に『しんしん』と音を立てると思っている」という物語を読んだときに、「豊かな世界だなあ」と子どもながらに感じた記憶とか。アンタッチャブルだと思い込んでいたからか、そうした情報の優先度を下げていたことにも気づいていきます。会社と家を行き帰りしながら、車イスに乗った人や白杖（はくじょう）を突いて歩く人に目が向くようになりました。

けれども僕自身、彼らと直接話したことはありません。

幸せなんだろうか。見えない子ってどうやって育てたらいいんだろう。なにを仕事にするんだろうか。

わらにもすがるように、妻とともに息子のケアをしながら、たくさん本を読みました。そもそも、本がなかなか見つかりません。Amazonで検索をかけても、絶版になったものやレビューのないものばかり。本屋に行っても、どのコーナーに置いてあるのかわからない。

「障害者 幸せ」「障害者 福祉」「視覚障害 育て方」「視覚障害 仕事」なんて思いついた言葉を片っ端から検索して、30冊ほどかき集めて、読み漁りました。すると、情報が古かったり具体的ではなかったり、「これって今ならスマホでできるじゃん」みたいなこともたくさん書いてありました。

もう、家で悩んでいてもしょうがない。そこで、「障害当事者に会いにいってみよう」と思い立ったんです。

まずは知人にひとり、軽度の精神障害のある方がいたので、その人に時間をとってもらうことにしました。

「どんなふうに育ったんですか？」「どうして今の仕事を始めたんですか？」「夢はなんですか？」――。そんなことを単刀直入に聞きました。

そしてみっちり1時間、話を聞いた後、こう尋ねました。「ほかに素敵な方、いませんか？」。

障害当事者に会って、話を聞いて、その場で連絡をとってもらって、また次の人に会いに行って。障害のある当事者だけではなく、その家族、雇用している経営者。合わせて、3か月でおよそ200人に会いにいきました。

障害者と出会うことは、「Unlearn（アンラーン）」そのもの

僕は、どんどん未知の世界にのめり込んでいきました。意外だったのが、会う人会う人から「おもしろい」エピソードが出てくるんです。

たとえば、ある視覚障害者の話。

「パリ市民みたいに、テラスでペリエ（炭酸水）でも飲もうかと思って、カッコつけて飲んでいたんです。でも味に違和感があって。そしたら妻が一言『なんでポン酢飲んでるの？』って」。

ボトルの形状が似ていたんですね。

はたまた、義足をつけている方の話。

「自転車に乗っていたら、車とぶつかりそうになって転んだんです。幸いケガはなかったんだけど、義足がポーンと外れちゃって。そうしたら車の運転手さんが『ぎゃー！

足が取れた！』って驚いて。『や、大丈夫っすよ』ってその場で足をキュッとつけるとまた『ぎゃー！』」。

とにかく、これまでまったく聞いたことのなかった話がどんどん飛び出してきます。そして、そのエピソードは「おもしろい」だけではありませんでした。彼らの暮らしや生き方そのものが、発見に満ちている。困難の乗り越え方、自分との付き合い方、人生の捉え方、幸せや豊かさの定義。それぞれの考え方が、本当に勉強になりました。

どうしてこれまで関わってこなかったんだろう？ 悔しさすら込み上げてきたほど、目の前には「新大陸」が無限に広がっていました。まるで少年時代、世界を転々としながら言葉のおもしろさに出会っていったときのように。

すこしずつ、息子の人生がイメージできるようになりました。目が見えなくても、こんなふうに勉強して、こんな働き方ができるんだ、と。

そして、「僕ら家族のために」と思って話を聞きはじめたはずが、いつの間にか僕自身が彼らと一緒に過ごしたいから、障害当事者に会いにいくようになりました。

からっぽになっていた僕は、ゴクゴクと水を飲み干すように、新しい発見や驚きで満たされていきました。それはまさに、「アンラーン（Unlearn）」学びなおしの機会だったのかもしれません。

できないことは、「克服するもの」ではなく「生かすもの」

アンラーンを続ける日々の中で迷子になっていたその先に、光を照らしてくれる話を聞きました。33ページで紹介した「片手で使えるライター」と「曲がるストロー」は、「障害のある人と共に発明された」という話です。

最近ではiPhoneやセブン銀行のATMもそうだった、という話も知りました。

息子に障害があると知ったとき、絶望的な気持ちになりました。それは、「障害がある＝かわいそう」という擦りこみが、僕の中にあったからです。

けれども、「待てよ」と、心の中でつぶやきました。

「片腕しかない。マッチの火を起こせない。絶体絶命だ。でも、気づいたら仲間が現れて、ライターという超発明が生まれた。なんて鮮やかな逆転劇なんだ！！！」って。

この話を知って、一気に視界がひらけました。

できないことは無理に克服しなくていい。社会のほうを変えればいい。

自分の仕事に活路を見出した気がしました。

障害当事者を含めた、いわゆる「マイノリティ」の方が持つ課題や価値を、もしかしたら自分の「広告的なやり方」で輝かせることができるんじゃないか、と。

「見えない。そんだけ。」業界の外に出るだけで、もらえたもの

マイノリティを起点にあらゆる物事を考えてみたら――。

そんなことを思い浮かべていた2014年、日本ブラインドサッカー協会の松崎英吾さんとの出会いがありました。

ブラインドサッカーの一般向けの体験会を実施してはいるものの、もっと知名度を上げて集客を図りたい。なにかアイデアはないか？　という相談を受け、僕は「OFF T!ME」というネーミングを提案した。

この仕事が、僕の「再デビュー戦」になりました。

息子が生まれて、なにもアイデアが浮かばなくなった。でも、「目が見えない」というある意味での「弱さ」が、見方を変えると新しい価値になると知った。そして、「見方を変える」ことこそ、僕にできることだと教えてもらった。

この仕事をきっかけに、さらにプロボノ（ボランティア）として、日本ブラインドサッカー協会から引き続き広報やマーケティングを手伝ってもらえないか、と依頼されました。ちょうどその年の11月に、4年に一度のブラインドサッカー世界選手権、初の日本開催が決まっていたからです。

そして、僕はひとつのコピーを書きました。

「見えない。そんなだけ。」

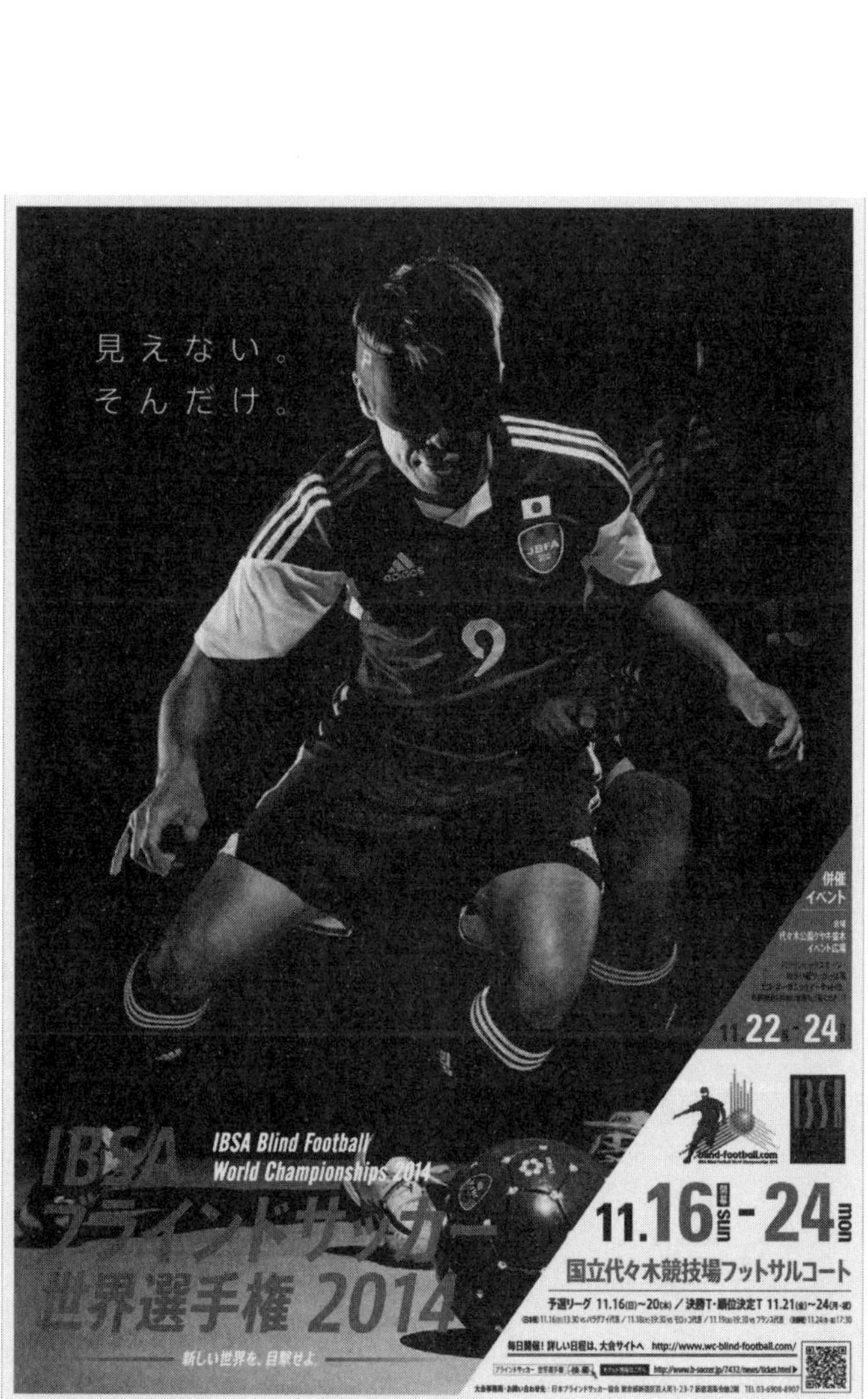
見えない。
そんだけ。
併催イベント
11.22 - 24
blind-football.com
IBSA Blind Football World Championships 2014
ブラインドサッカー
世界選手権 2014
新しい世界を、目撃せよ。
11.16 sun - 24 mon
国立代々木競技場フットサルコート
予選リーグ 11.16(日)~20(木) / 決勝T・順位決定T 11.21(金)~24(月・祝)
毎日開催！詳しい日程は、大会サイトへ http://www.wc-blind-football.com/
http://www.b-soccer.jp/7432/news/ticket.html
TEL 03-6908-8907
スポーツ振興基金
AiDEM
ASSETLEAD
SMBC日興証券

いつも広告を考えるときのように、普段どおりの構えで提案したコピーでした。なのに、反応がいつもとまったく違った。

「このコピーやばい！」「超カッコいい！」……なんだかもう、こっちが照れてしまうくらいの褒められようです。これまでいくつも広告コピーを考えてきましたが、これほど感謝されたことはありませんでした。

コピーの入ったポスターが公開されると、著名な方たちにもどんどんシェアされました。世界選手権は見事、開幕戦が完売。パラスポーツとしては異例の動員となりました。

これは、日本ブラインドサッカー協会が長年積み上げてきた実績が効いた結果です。でも、僕のコピーも、ほんのちょっとその一助にはなった。

松崎さんはこの成果について、ウェブメディアでこう答えていました。

「開幕戦のチケットが完売したのは2～3日前とギリギリ。お客さんが全然入らない悪夢にうなされたり、集客のプレッシャーに随分苦しめられました。けれども、障害者スポーツでも、有料でも、これだけ人が集まるんだということを証明したかった。これほど多くの人たちが訪れる場と雰囲気を実現できたことは、僕たちにとっても、とても大きな成果だったと感じています」。

この仕事を通じて、松崎さんに喜んでもらえたのが本当にうれしかったんです。だれかに息子のことを話すと、たいていの人にこんな反応をされました。「聞いてはいけないことを聞いてしまった」とハッとしたり、気まずそうな顔をしたり、場合によっては泣いてしまう人もいたり。

けれども松崎さんだけは、ニヤリと笑った。「未来のブラインドサッカー選手候補が見つかった」って。息子を哀れむのではなく、必要としてくれる人がいる。そう実感した、初めての出来事でした。

心からこの人の力になりたいと思いました。クライアントとしてではなく、ひとりの人として。この人のために自分の持てる力を発揮したいと思えたんです。

業界の外へ一歩出てみると、これまでなに気なくやってきたことが価値あるものとして受け入れてもらえた。知らなかった。広告をつくる力ってどこまで社会に貢献できるんだろう？ わからなくなりかけていたのに、こんなに喜んでもらえるんだ、と。

それまで動かしてきた経済規模とはもちろん何桁も違うし、ほんの小さな循環だけど、確かな手応えがあった。

ブラインドサッカーとの関わりをきっかけに、僕はもう一度、コピーライターという職業の可能性を信じることができました。

銀河系軍団をコンサルするより、弱いものを強くするほうがおもしろそうだ

それ以降、障害当事者のみなさんとの対話は、回を重ねるごとに時間が足りなくなってきました。というのも、僕が話を聞くだけでは終わらずに、相手から「ちょっといいですか？」「実はこんなことに困っていて」と相談されるようになったからです。「それっておもしろいですよ！」「もっとこうしたらどうですか？」……僕はデジャヴに陥りました。「あれ？　これって、広告の仕事とまったく一緒じゃないか」。クライアントから相談が来て、アイデアを練って、提案して、具現化するためにいろんな人の力を借りる。広告と同じです。

けれども、自分が持つスキルを、アイデアを、大切な人のために使った「やりがい」が、全然違った。

言ってしまえば、これまでの仕事は「もともと強いものをより強くする」仕事でした。たとえるなら、「レアル・マドリード（銀河系軍団）をコンサルしている」みたいな。

でも、クリエイターの仕事って、本当はもっともっともっともっともっと活躍領域が広いのではないでしょうか。

コピーライターとして、CMプランナーとして、さまざまな企業のお手伝いをしてきました。そのほとんどがいわゆる大企業です。

お金をたくさん使えるところは、やはり強い。2000年代前半、スペインのサッカーチーム「レアル・マドリード」は、莫大な資金力で銀河系軍団と呼ばれるほどの選手を集めて、UEFAチャンピオンズリーグを制しました。大企業の広告宣伝を手伝うことは、いわばそんな強豪チームをさらにバキバキに強くするようなもの。

それは極端に言うと、「100を101にする」みたいな仕事でした。

けれどもマイノリティの世界へ目を向ければ、まだまだ世の中に知られていないことが山ほどありました。

1とか5の状態のものがむき出しのままたくさん転がっていて、だれかの目に留まることを、息をひそめて待っている。クリエイターがそこに光を当てれば、50か70くらいには持っていけるかもしれない。

そして、そんなまだ見ぬマイノリティは、きっと福祉以外にも、この世界にたくさん隠れている。

広告を考えるときのように、人生のコンセプトを考えた

こうして僕は、自分の働き方を再定義することにしました。

クライアントに広告の提案をするとき、いつも「コンセプト」を提示します。その先、企画が迷子になることがないように、俯瞰し、全体を貫くひとつの概念を言語化する。

その工程を僕は、自分自身をクライアントに見立てて、やってみることにしたんです。

僕の息子は、いわゆるマイノリティです。あらゆる社会構造が多数決で成り立っていたら、いつまで経っても彼が生きやすい世界にはならない。マイノリティは、声の大きさではなかなか勝てないから。

でもマイノリティだからこそ、社会を前進させるヒントを持っている。

ライラ・カセムさんという、デザイナーの友人がいます。彼女は日本育ちのイギリス人で、車イスユーザー。言ってみれば「マイノリティの塊」なわけですが、自身を「一人国連」と呼び、マイノリティ性を売りにして、今や引っ張りだこです。

広告の仕事とは、企業の「差別化」をお手伝いすることでもあります。つまり、企業のユニークな部分をどうやって磨くか。そういう意味で、障害当事者が持っている独自性は、はなからすごく魅力的で、必死に企業と広告会社がやっている差別化競争を、楽々勝ち抜いているイメージさえ持ちました。

そんな「マイノリティの先輩」たちから多くの学びを得て、僕は思いました。

今、さまざまな理由で「障害」とされているものの中から価値を見出したい。

いや、それだけではなく、すべての人の中にある「弱さ」「苦手」「できないこと」といったマイノリティ性から社会を良くすることができたなら。「思いもよらなかったい未来」が待っているんじゃないか。

「マイノリティデザイン」――マイノリティを起点に、世界をより良い場所にする。それを、自分の人生のコンセプトにしてみようと決めました。

才能は「縦」に見ると、どん詰まり。「横」に見ると、無限の可能性がある

気づかせてもらったことがあります。

仕事にむなしさを感じてしまっていたのは、自分に無力感を覚えていたのは、もしかしたら自分の力を注ぐ場所を間違えていたからなのかもしれない、と。

僕の頭の片隅には、ずっと「あきらめ」という言葉がありました。

「広告はいったい何をしてきたんだろう？」「父親がＣＭをつくったところで、視覚障害のある息子は見れないじゃん」。

でも、福祉の世界に自分の考えた言葉やアイデアがジワジワと染みこんでいくのを見て、思いました。

「まだまだできることってあったんだ」。

そもそもコピーライターというのは、どんな対象であっても、新発見あるいは再発見をし、それをあの手この手で言葉にして、ひとりでも多くの人に伝えるのが仕事です。さまざまな角度から物事を捉えて、いちばん輝くところに光を当てる。そんなことばかりを最高な日も最低な日も、20代からずっと繰り返してきました。

息子が生まれて、すべてがリセットされてしまった気がしていました。でも、それは間違いでした。広告会社で培ったスキルや経験は、しっかりとセーブされたままだったんです。くすぶっていた日々にも、ちゃんと意味はあったのでした。

地道な日々の積み重ねが、まだまだ未開拓の福祉の世界で生きると知った。

僕はたまたま、広告の仕事で数千万人に向けて注いできたクリエイティビティを、たったひとりの息子のために、福祉の世界へスライドさせる機会を得ました。

「OFF T!ME」も「見えない。そんだけ。」も、実は息子のために書いたコピーでもあります。

息子のこれからの人生を考えたとき、「見えない。そんだけ。」と言い切りたかった。目を「OFF」にしながらも、他者と豊かにコミュニケーションする視覚障害者の一面を、多くの人に知ってもらいたかった。息子を、息子の人生を高らかに肯定したいという強い気持ちがあった。だからこそ、結果的に多くの人に届いたのかもしれません。

僕は、仕事における「運命の人」に出会ったんだと思います。

そして、その人が持っていたマイノリティ性を起点に、自分の持てる力すべてを使って、この世界を1ミリでも良くしたいと思った。命を燃やして、自分にできることをやりきると決めた。

すべては、「才能の使い道」をスライドさせることから始まりました。

自分の才能を「縦に」見ると、どん詰まりです。上には上がいます。スタークリエイター、天才的な上司、活躍する同期……。芸能の世界で言えば、お笑い芸人の重鎮がいつまでも元気に冠番組を持っているのと同じです。

スポーツ界であれば、肉体的な衰えによって偉大な記録を残した先輩もいつかは引退していきますが、多くのビジネスの世界では、フェスのお手洗いのように長蛇の列ができています。でも、フィールドを「横に」スライドさせると、思いがけない活用法が見つかるんです。

では、そのスライドはどう起こせばいいのか？

次章では、障害当事者の友人たちとともに僕が実際に立ち上げていったプロジェクトを紹介しながら、3つのポイントにまとめて書きました。

① 広告（本業）で得た力を、広告（本業）以外に生かす
② マス（だれか）ではなく、ひとり（あなた）のために
③ 使い捨てのファストアイデアではなく、持続可能なアイデアへ。

マイノリティデザインは、この3つのスライドから始めることができます。

第2章

才能の使い道を、スライドさせよう。

――本業の外へ。マスではなく、ひとりのために。
ファストアイデアよりも、持続可能なアイデアを。

義足をファッションにした「切断ヴィーナスショー」

2015年1月4日。僕は、西荻窪のファミレスにいました。目の前に座っているのは、パラリンピックカメラマンの第一人者、越智貴雄さん。隣には、日本有数の義肢装具士、臼井二美男さん。ふたりはこの半年前に『切断ヴィーナス』という義足女性たちの写真集を出版していました。それまでの越智さんの作品とは異なり、パラアスリートだけでなく、一般の方までをもモデルに撮影した写真集。

この日の話題は、2月に迫った「CP+」というカメラの見本市で場所と時間をもらえたので、「切断ヴィーナスをファッションショーにして、なにかおもしろいことがしたい」というもの。1日で2万人も集めるイベントで、「絶対に話題にさせたい」という気持ちがひしひしと伝わってきました。

3人でお茶をしながら話していると、越智さんがどんぐりまなこの目でこう言いました。「澤田さん。ファッションショーの演出、してくれませんか？」。ブレンドコーヒーを吹き出しそうになりました。直前までお雑煮を食べてまったりしていたのに、いきなり襲ってくる緊張感。

そもそも僕は、ファッションショーのプロデュースなんてやったことがありません。「なるほど」なんて言いながら、心の中で（どうしよう）。でも、代役もいなそうだったので（なにしろあと1か月強しかない！）引き受けることにしました。冷静に考えると、普段広告の仕事でやっていることをすれば、できるんじゃないかと思い直したんです。

「制約」を「翼」に変えるのが、クリエイターの仕事だから

そもそも僕が身を置いている広告業界では、「制約」を前提にアイデアを考えます。

たとえば、テレビCMの尺は基本15秒か30秒と決まっているし、クライアントからの資料には「訴求すべき点」がすでにまとめられています。その制約を足かせではなく翼にするのが、クリエイターの仕事です。

では、今回の制約はなにかというと、ショーのモデルをつとめる義足女性たちには経験がほぼなく、いわゆるモデルウォークの訓練もしたことがない（そもそも義足の場合、滑らかにまっすぐ歩くことが難しい）ことでした。

もう1つの制約は、「CP＋」の来場者にありました。カメラ好きな人たち（いわゆるカメコ）がそれぞれの愛機を持参し、各ブースやイベントの撮影を楽しみにやって来るわけなんですが、彼らのほとんどはプロではないため、撮影しやすい演出をこちらが提供する必要もある。

この2つの制約をかけ合わせてアイデアを考えてみると、答えはすぐに出てきました。

通常のファッションショーなら、モデルがキャットウォークをすらすらと闊歩し、次々に登場しては去っていきます。でも今回は、モデルたちの歩く時間をなるべく短くして、むしろ静止する時間を増やす演出にしよう。中途半端に静止するのではなく、いっそ15秒以上の長いポーズを何度も差し込むのはどうだろうか。

7人のモデルが1人あたり5か所で15秒ずつポーズ。すると、「モデルウォークができない」という弱点は無となり、義足というアイキャッチが持つビジュアルの強さが生きてきます。そして、何度も訪れる極端に長い静止時間は、「だれでもいい写真が撮りやすい」シャッターチャンスになります。

あっという間に本番は訪れました。

当日、ショーは2回行われましたが、1回目は地に足がつかないまま、消化不良で終わってしまいました。段取りのズレ、モデルたちの緊張……40分の予定だったショーは18分で終了しました。「やってしまった」と思いました。全身汗だらけになり、目の前が真っ暗になりました。

ところが、ショーを見ていたお客さんの意外な声が耳に飛び込んできました。「カッコよかったね」「キレイだった」「元気になった！」。

僕の演出は最悪でした。だけど、モデルたちの魅力は本物だ。チャンスはあと1回ある。打ち合わせ時間を設けて、彼女たちに僕が耳にした反応をそのまま伝えました。「失敗してしまったかもしれない」と思っていたモデルたちが驚いた顔をしました。「みんなが思っている以上に、みんなは素晴らしいです。だから自信を持って、楽しくステージに立ってきてください。そして心の中で『世界はわたしのものだ』と唱えてくださいと伝えました。

2回目。モデルが登場するたびに大喝采。退場するときには鳴り止まぬ拍手。越智さんも臼井さんも興奮していました。

夢のような光景は、その後に広がっていました。メディアやお客さんが一斉にモデルたちを囲み、シャッターを切り続けたんです。

鳥肌が立ちました。いわゆるマイノリティである義足女性たちが、社会から「強く求められている」。そんな光景が目の前にあったからです。彩色を施した義足のデザインとしての美しさ、事故や病

で足を失うことになった絶望、それでもなお鮮やかに生きる力強さ。「Twitter を確認すると、来場していたお客さんたちが撮影した「切断ヴィーナスショー」が続々とシェアされていました。それから、テレビや新聞、あげくロイター通信など海外のメディアにまで取り上げられることになりました。

ふたつの仕事を通じて、マイノリティデザインが見えてきた

この仕事で僕は、越智さんと臼井さん、そして義足のモデルたちから、「マイノリティデザイン」の真髄を教えてもらいました。

福祉機器である義足を、まったく新しいファッションアイテムに捉え直す大胆さ。勇気。なにより「価値転換を起こすんだ」という気概。

と同時に、広告人の自分としてできることがなにか、も見えてきました。

このショーの中で、演出として特に奇をてらったことはありません。予算が限られていて、場所はもう決まっていて、制約条件もある。それをいかに掛け合わせて、価値を最大化させるか。

いつも広告を考えるときのように、考えていったんです。プロジェクトに関わるメンバー全員の指針となるコンセプトを立案し、情報の拡散力を上げるための絵作りをする——。でも、その「いつもの」手法を福祉の世界で展開してみると、普段の何倍ものブーストがかかった。

切断ヴィーナスショーはその後、渋谷や六本木、大阪、京都など全国で継続的に開催されるショーとして定着するまでになりました。

ブラインドサッカーに次いで、切断ヴィーナスの仕事に携わったことで、ますます僕は「マイノリティデザイン」にのめり込んでいきます。

ある特定の世界に閉じ込められていたものを、掘り出し、ポジティブなものとして再定義し、いちばんいい形で世の中に広く発信することをしたい、と。

超高齢社会という課題を逆手にとった、J－POPならぬ「爺－POP」

マイノリティは、障害者だけではありません。

日本ではもはやマジョリティとさえなっていますが、高齢者もある意味ではマイノリティです。障害当事者たちとのプロジェクトを進めながらも、僕は「地方の高齢化問題だって、マイノリティデザインの発想で、解決策を見い出せるんじゃないか」と思うようになりました。

そうして生まれたのが、「爺-POP」です。

2016年当時、高知県では県民の3人に1人が65歳以上で、全国ワースト2位の「高齢県」という課題を抱えていました。

僕はまず、「高齢県」を「高齢先進県」と捉え直しました。「ワースト2位」ではなく「ベスト2位」なんじゃないか、と。実際にお会いしてみると、高知のお年寄りはとてもエネルギッシュな方ばかりだったんです。

中でもさらに「お爺ちゃん」に着目しました。というのも、定年後にやることがなくなり家にも居場所がない男性が多い、というニュースを見たからです。「お婆ちゃんよりもお爺ちゃんのほうがマイノリティ性が高い」という仮説が浮かび上がりました。

そこで、元気なお爺ちゃんたちに「お爺ちゃんアイドル」として一肌脱いでいただき、高知の元気を日本中に発信する、というアイデアを提案しました。

そうして生まれたのが、「爺-POP from 高知家 ALL STARS」という音楽

グループです。59歳から81歳までいるメンバーの平均年齢は、67・2歳。

そもそも僕自身、お爺ちゃんの声がとても好きだったんです。人って歳をとるにつれてどんどん声帯が伸びて、ギターの弦がゆるむみたいに声が低くなる。地を這うような低音ボイス。

天井てんやのときと同じように、作詞作曲は僕が行いました。デビュー曲の「高齢バンザイ！」には、当時流行していたEDM（エレクトロニック・ダンス・ミュージック）のバッキバキなサウンドやアップテンポさを取り入れ、歌詞にはカツオや柚子などの高知県の名産品や、四万十川をはじめとする名所をモリモリに盛り込みました。

ちなみに、5人の爺たちはどういう人かというと（当時）、

① 山海の幸おすそわけ大将こと谷岡さん：道の駅「大月」ふれあい市出品者協議会会長
② 奥四万十体験リーダーこと大高さん：中土佐町上ノ加江漁業協同組合専務理事
③ 幻のタケノコ組合長こと山本さん：高知市七ツ淵筍加工組合組合長
④ 長太郎貝に恋する漁師こと出来さん：中土佐町長太郎貝（ヒオウギガイ）漁師
⑤ 永遠のフルマラソンランナーこと山田さん：北川村在住。47都道府県走破

高知県庁が厳選して選抜した、高知県選りすぐりのメンバーです。

事は動きはじめました。YouTubeで公開されるや40万回以上も再生され、「お爺ちゃんたちカッコ良すぎ！」と話題になり、「だけど陽気陽気エブリバディ陽気」とゴキゲンに歌い踊るPVは、県内のみならず全国に爆発的に広がりました。そしてなんと、大手レコード会社ユニバーサルミュージックからメジャーデビューを果たしたんです。

J-POPならぬG-POP、いや「爺-POP」が音楽界を席巻しました。

勢いそのままに、第2弾「I Was Young」は全編英語のクラブミュージックにし、こちらはなんとデビュー曲を超える60万回再生を記録して、海外でも話題になりました。

生きるって、ファンタス爺ック。

お爺ちゃんアイドルという前例がなかったので、「どんな反応があるんだろう」と不安もありましたが、超高齢社会というだれしもに関係する課題だけに、あえて「アイドル」という大きな市場で勝負したかった。

このプロジェクトを推進してくれた高知県のプロモーション戦略局長、小笠原さんはメディアからの取材の際に、こう話してくれていました。

「県外の方々に対しても、トリガーになればいいと思うんです。『明るく元気な高知県』

に興味を持ってもらうことが大事。そうすればあとは人はネットなどで調べてくれる。こうした行動が、高知県への観光や移住といったアクションにつながる扉になる」。

ＰＶの撮影会場であるライブハウスにはたくさんのお客さんが集まり、大歓声が巻き起こっていました。

後には引けない状況で、歌詞と振りつけを懸命に覚え、繰り返し歌って踊る爺たち。はじめは戸惑いを見せていましたが、だんだんと「アイドルの顔」になっていきました。中でもリーダーの谷岡さんは当時足を痛めていて、休んでいただくようお願いしたのですが「いや、アイドルだから」と撮影参加を強行されました。その姿に、「ジョージ・クルーニーっぽい！」と言う若い女性が現れたり、「わたし『推し爺』は山田さん！」と盛り上がってくれたり。

高齢化問題の解決策として、高知への興味関心を持つきっかけをつくれたことはもちろんですが、なによりお爺ちゃんたちが輝く瞬間を見られたことが、僕はとてもうれしかった。

そして、マイノリティデザインという技術の汎用性も実感しました。

才能をスライドさせた世界に、これまでの仲間を連れていった

「ブラインドサッカー」と「切断ヴィーナスショー」。ふたつの仕事をSNSで「こんなことをしました」と投稿してみると、驚くことに、会社の先輩や同僚たちからも反応がありました。「こういう枠組みのほうが澤田らしいかもね」「これからは福祉一本でいいんじゃない？」と、めったに人を褒めない先輩のコメント。「なにか手伝えることはありませんか？」と、サポートを申し出てくれるアートディレクター……。

僕はなんだか不思議な気持ちになりました。「え、みんな反対しないんだ！」「広告だけやればいいんだ、とか言わないで応援してくれるんだ！」と。

うれしくなった僕は、興味を持ってくれた同僚や後輩たちを巻き込んで、福祉という新世界に来てもらうことにしました。

たとえば、こんなプロジェクトです。

人の弱みと強みを交換し合う、ボディシェアリングロボット「NIN_NIN」

視覚に障害のある友人たちとごはんを食べていたとき、衝撃的な話を聞きました。彼らは横断歩道を「勇気と度胸と勘」で渡っている、と言うんです。

音響ガイダンスが設置されているところもありますが、設置数は多くはありません。夜間になれば「近隣に配慮」して音声は止みます。雨の日は、雨音で車の走行音が聞きとりにくくなる。雪の日は、あらゆる音が雪に吸収されてお手上げです。それでも視覚障害者は文句も言わず、不安いっぱいで横断歩道を渡っている。

こういうことを「世の中ってそういうものだ」で終わらせていいのかな。これほどテクノロジーが進化した世の中なら、なにか手立てはあるんじゃないか。

広告の仕事だと、クライアントや社内チームから声をかけられた日から仕事が始まります。でも、マイノリティデザインは「近くにいる人が悩んでいる」ことがわかったら、それが始まりの合図です。

試行錯誤の日々。白杖をハックしようとしたり、メガネ型のデバイスを考えたり……。検証を重ねた結果、「NIN_NIN」という忍者型のロボットが完成しました。

「NIN_NIN」は、視覚障害者の肩に乗せて使います。「まだ赤信号だよ」とか「タクシー今通るから手挙げて」と、かゆいところに手が届く情報を教えてくれます。

その指示はAIに依存しているわけではなく、人間に依存しています。

実は、障害や病気によって寝たきり状態だけれど目は見えて話せるという人が

日本には相当数います。そういう人たちが家や病室にいながら、モニター越しに「NIN_NIN」に憑依して、視覚障害者に目をシェアするという仕組みになっているんです。反対に視覚障害者は、寝たきりの人に足をシェアすることができる。寝たきりの人たちは、家にいながらモニター越しに、視覚障害者と一緒に外出している気分になれるからです。

どちらかがどちらかを助けるみたいな上下関係ではなくて、お互いが身体機能をシェアし合う。これを「ボディシェアリングシステム」と名づけました。シェアリングエコノミーが盛んな時代に、家とか車といった物質的なものだけではなく、身体をシェアするというコンセプトです。

ＡＩを搭載し、優れた画像認識とセンシングで空間把握し、視覚障害者をナビゲートするといった解決手段もあるでしょう。でも、人と人をつなげてくれるロボットがつくりたかった。新しい人と出会い、コミュニケーションをとり、しかも弱みと強みを交換し合いながら、だれかの力になれるロボット。

それが結果的に、障害のあるなしに関係なく、今を生きる僕らみんなの課題となりはじめている「孤独」や「無力感」への回答のひとつになると考えたんです。

コンセプトはできた。ではどうやって実装しようか？

そんなときに出会ったのが、ロボット研究者の吉藤オリィさんでした。オリィさんは、寝たきりで生活する人でも遠隔操作できる「OriHime」という分身ロボットをすでに開発し、普及させていました。

「NIN_NIN」の話をすると、意気投合。そこに、会社の先輩アートディレクターいとけんさん、後輩であるロボットクリエイターの高橋くんとプランナーの大瀧くんもチームに加わり、プロジェクトは始まりました。

そして2018年11月、「NIN_NIN」はデビューしました。

ブラインドサッカー選手の加藤健人さんに、1時間ほど「NIN_NIN」を使ってもらったことがあります。体験が終了し、肩から「NIN_NIN」を降ろすとき、加藤さんがふと言いました。

「なんだか別れるのが寂しいですね」。

それは、ロボットと接していたからではなく、その中に入っている人を感じられたからだったのかもしれません。

「SMALL」の中に「ALL」はある。小さなアイデアは大きなうねりになっていく

「信号待ちで戸惑っているうちに、約束に遅れてしまった」「雨が降っているだけで用事をキャンセルすることもある」――。

視覚に障害のある友人たちが信号で悩んでいる、という悩みを起点に始まった「NIN_NIN」は、全日空やLIFULLなどの企業が協賛してくださり、障害者のためだけでなく観光ガイドのサポート役として使えないか？　という実験が始まり、ビジネスとしての輪郭が見えてきています。ビジネスシーンでなくとも、足の悪いお爺ちゃんが「NIN_NIN」の中に入って、孫と旅行にだって行けてしまうでしょう。

プロジェクトに参加してくれた後輩たちは、言っていました。

「自分の情熱を起点につくりたい世界を描いていいんだ」「その世界とまっすぐに向き合っていいんだ」「一瞬で消費されるようなものじゃなくて、小さなアイデアをすこし

ずつ育てることで、大きなうねりをつくることができるんだ」と。

「SMALL」という字の中には「ALL」があります。友人のために、「ひとり」のために始めた仕事は、みんなのためになる、大きな可能性を秘めているんです。

「ひとり」を起点にファッションを開発する。ユナイテッドアローズと協働した「041」

アパレル企業のユナイテッドアローズと協働した、「041（オールフォーワン）」というプロジェクトを紹介します。

障害のある友人たちと話していると、日常的に着る服にさまざまな課題を抱えていることに気づきました。「麻痺があるのでパンツやスカートの着脱が難しい」「目が見えないから、どうコーディネートすればいいのかわからない」「自分に合うサイズの服がない」――。どうにかこの問題を解けないか。

そんな中、知人を介してユナイテッドアローズとのご縁をいただきました。

初顔合わせの場で、「実は……」と友人たちの課題を共有したところ、みなさん「え?」「そうだったんですね……」と思いがけない様子です。というのも、「衣服についての基本的な課題はおおかた解決されていると思っていた」と。

それを聞いて、今度はより詳細に障害のある友人たちから服にまつわる声を拾い、「障害者が抱える、服の6課題」と題した資料にまとめました。当事者たちがいまだに、「着脱」「サイズ」「冷え」「素材」「フォルム」「デザイン」という課題に悩まされている、という事実をまとめた内容です。そしてユナイテッドアローズのみなさんに、こうご提案しました。「ターゲットやペルソナを設定するのではなく、実際に存在する『ひとり』を起点に新しいファッションを開発しませんか?」。

そして、こうお願いしました。「御社のようにブランド力があり、広く知られるアパレル企業が、たったひとりの障害者のためにものづくりをすれば、きっと世の中に大きなインパクトをつくれる。なにより、障害者たちはこんな課題を抱えていて、これを解決できるのはみなさんしかいない。みなさんの力が必要なんです」。

資料を前に、ユナイテッドアローズのみなさんはこう言ってくれました。「知ったからには『やる』以外の選択肢は考えられませんね！」。

「ターゲットのため」ではない、ものづくりをしてみよう

そこからの、ユナイテッドアローズの動きは桁違いのスピードでした。

社内に一斉送信で「このプロジェクトに参加したい人は手をあげてください」とメールを流すと、すぐに十数人のメンバーが集まったそうです。しかも、普段は縦割りのセクションを超えて、デザイン部門、パタンナー部門、生産管理部門、素材を調達する部門などから、まさにオールスターチームが出来上がったんです。

こうして始まったプロジェクトの名前は、「０４１ FASHION」。０４１は「ALL FOR

ONE」を意味します。

「だれかのため」「ターゲットのため」ではなく、服に切実な課題を抱える6名を開発の起点として、それぞれに対して「ひとりのため＝オールフォーワン（041）」の服づくりを行うことになりました。

その「ひとり」のうちのひとりが、関根彩香さん。脊椎損傷によって12歳から車イス生活をしています。車イスを使いはじめてから、ほとんどスカートをはかなくなったそうです。「着脱しづらいし、車輪に巻き込んでしまう可能性がある」から。「オシャレをしたい」とたまにスカートを買ってみても、結局着られないまま「友人に譲ることを繰り返していた」と言います。

通常業務の合間をぬって開発は進みました。試作品ができては関根さんにはいてもらい、意見を聞いてまた改良する。このサイクルを何度も丁寧に重ねました。まるで、オートクチュールで一点もののスーツを仕立てているかのように。

半年を経て出来上がったのが「フレアにもタイトにもなるスカート」です。

前身頃はプリーツスカート、後身頃がゆったりとヒップにフィットしたタイトスカートになっていて、「プリーツ1つひとつ」にファスナーがついています。

なにがすごいって、このファスナーを閉じるとスカートがタイトに、開くとフレアになる。「1着1枚で二度おいしい」みたいなこの洋服は、タイトにしておけば移動中、車イスの車輪に巻き込まれる心配もありません。人と会う場面ではファスナーを開いてフレアにすれば、ちょっと華やかなイメージになります。つまり、シーンによって表情を変えられる、まったく新しいスカートが誕生したんです。

また、筋ジストロフィーという病気で思うように身体を動かせない真心ちゃんという女の子がいました。

彼女の課題は、「口の周りの筋力が弱く、どうしてもよだれがたれてしまう」こと。でも、よだれが出るからといって赤ちゃん用のスタイをつけるのは、8歳の女の子にとってはいささか恥ずかしいことです。

その課題を解決するためにユナイテッドアローズが用意したのは、「スタイにもなるエプロンドレス」。

つまり、「一見するとドレスに見えるスタイ」という逆転の発想でした。

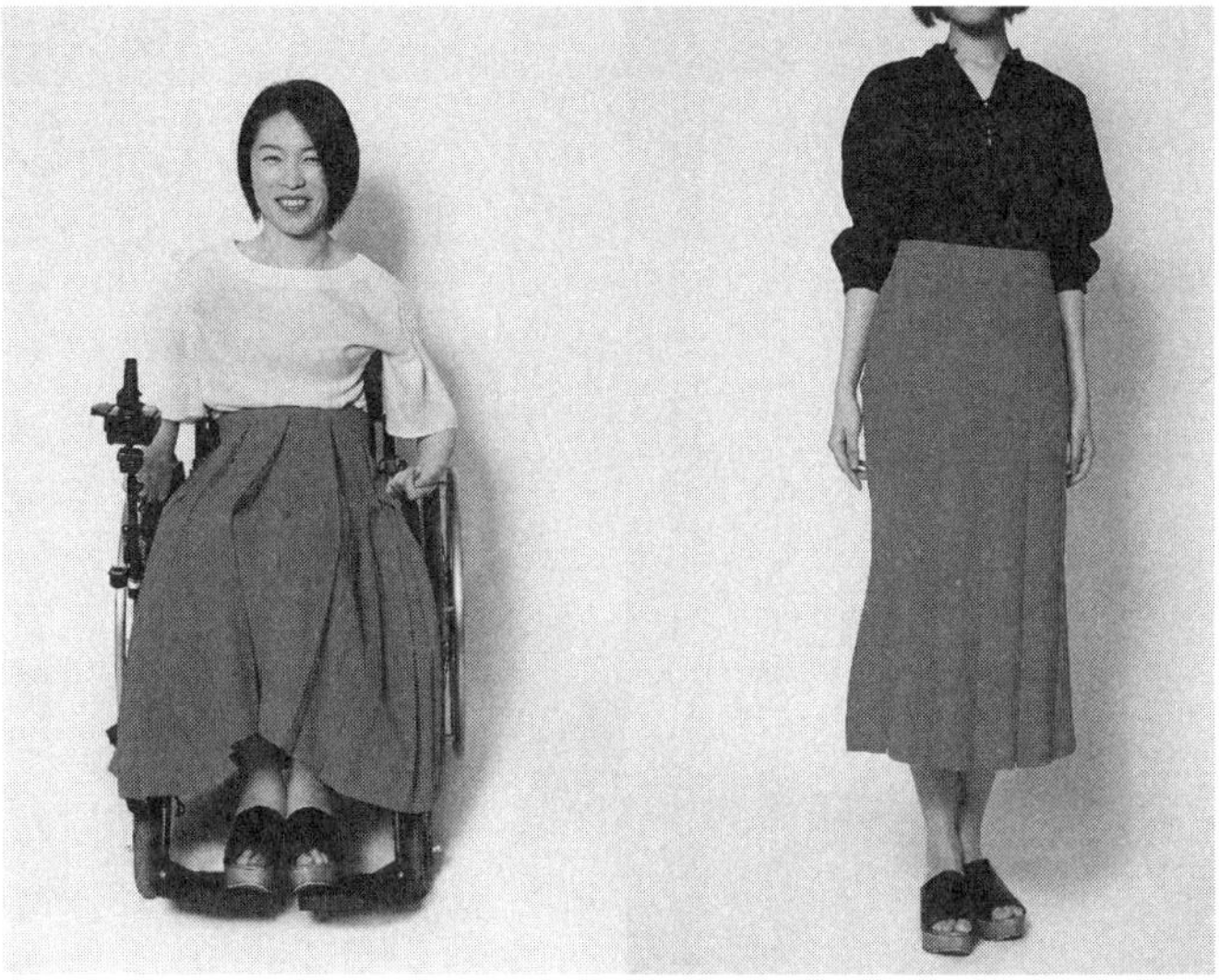

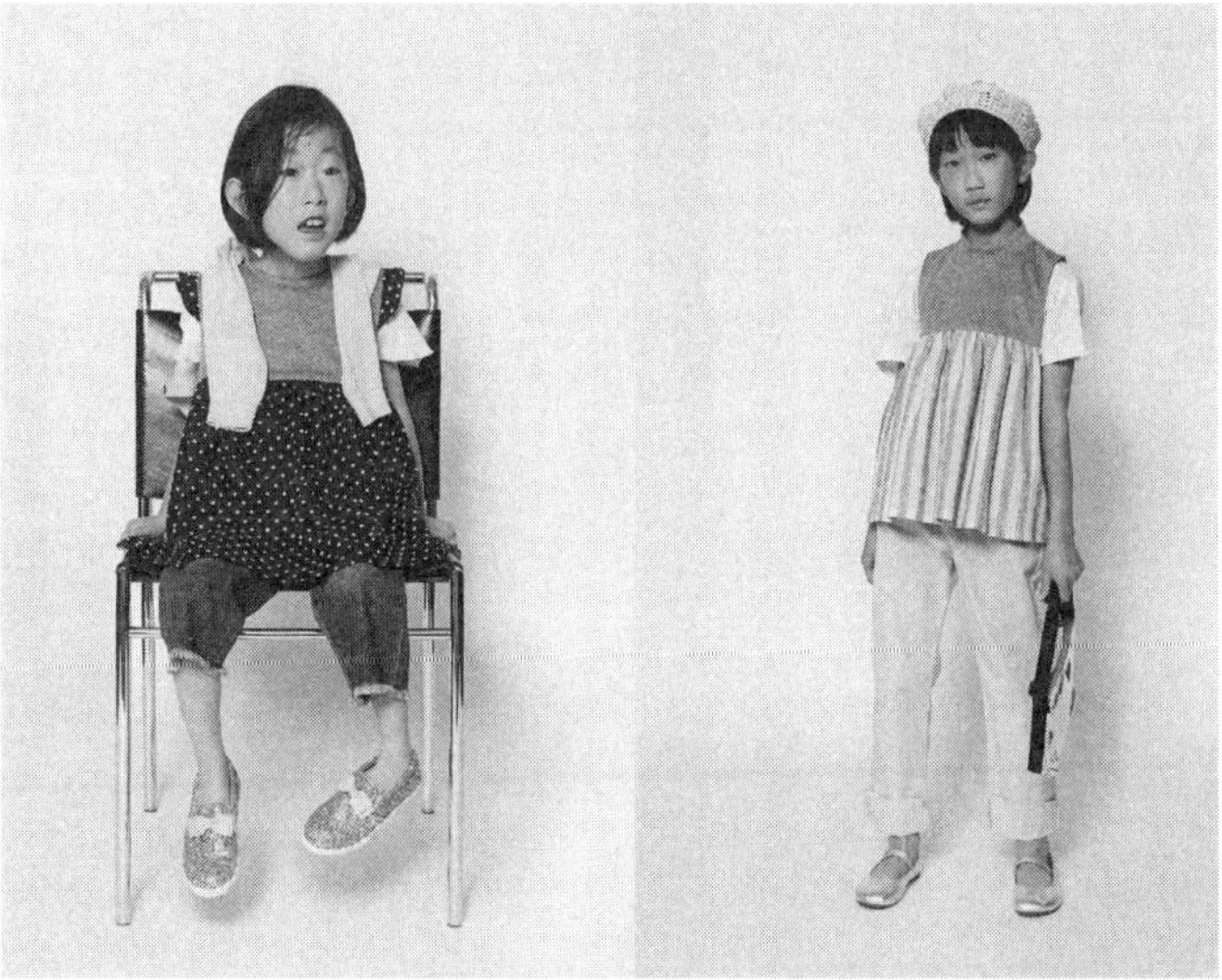

新しいインプットから始めると、新しいアウトプットが生まれる

当事者が喜んでくれたのはもちろんのこと。では企業の商品として見たときのお客様の反応はどうだったか。

うれしかったのは、「スタイにもなるエプロンドレス」の当事者だった女の子のお母さんが「（健常児の）お姉ちゃんが着てもかわいい」と言ってくれたこと。また、「フレアにもタイトにもなるスカート」も、すこしズラして着用すると、片方はプリーツで、もう片方は曲線的になり、アシンメトリー（左右非対称）を表現できることから、新しい着こなしができるアイテムとしてプロ受けする商品となりました。

障害のある「ひとりのため」に生まれたこれらのアイテムは、結果的に、障害のあるなしにかかわらず「カッコいいから」「機能性が高いから」という理由で、さまざまな人に購入されていったんです。

２０１８年４月。発表記者会見を開催すると、メディアが詰めかけました。そして、ユナイテッドアローズの創業メンバーで、長らくクリエイティブディレクターをつとめた栗野宏文さんは「０４１」をこう評価してくれました。

「メガネが開発されるまでは、目の悪い人は障害者だった。今やメガネは個性。たったひとりのニーズが、新しいデザインと『美』を生み出しました。これはいわゆる社会貢献ではなく、新しいビジネスの第一歩。その結果として、世の中の役に立てばいい」。

架空のペルソナやターゲットではなく「ひとり」を起点に商品を開発することが、世の中にとっての新しい価値を生んだのでした。

ひとりを起点に、みんなにとって心地いい服をつくる。つまり、「０４１（ALL FOR ONE）」は「１４０（ONE FOR ALL）」になったんです。

だれかの弱さは、だれかの強さを引き出す

栗野さんに聞いてみたことがあります。「どうしてふたつ返事で引き受けてくれたんですか?」と。するとこんな話をしてくれました。

「041は、服屋の原点だったんですよ。そこに居るのが、お客さんだったからです」。

ハッとしました。

「歩きやすい靴が欲しいとか、軽くて温かい上着が欲しいとか、ニーズはどんな人にでもありますよね。本来、それを具現化することで僕らはこの商売を成り立たせてきたわけです。障害当事者にユナイテッドアローズの本社に来てもらって、さまざまな課題や要求をもらう。それに対して、みんなで『こういうアイデアはどうだろう』と話し合う。目の前に『こんな服が欲しい』と言ってくれる人がいる。でも今は、縦割仕事や分業化と言ってしまえばそれまでだけど、お客様のニーズは、販売スタッフを通して間接的に

聞くことはできても、当事者からは聞けない。だからこそ、当事者から聞けたっていうのは燃えますよね、やっぱり。別に『お困りごとを解決する』っていう意味だけじゃなくて、服を作るプロとして『おもしろいじゃん！』という気持ちがあった。お客さんが喜んでくれるんだったらやろうよ、という」。

さらに、栗野さんは続けて話してくれました。

「結局このプロジェクトの肝は、もちろん障害当事者のみなさんのための服ですから、動きやすいとか、着やすいとかいう機能面、ギアとしての要素がいちばんに来るわけですよね。でも、『カッコいいかどうかは関係ない？』と言われたら、そうじゃない。『せっかくだからカッコよくしなくちゃ』というクリエイターとしての気持ちをどれだけ込められたかだと思うんですよね」。

ユナイテッドアローズの社員さんが、障害当事者のみなさんを見ているときの目が本当に印象的だったのを覚えています。もう、目がキラキラに輝いていた。

あえてこういう言い方をすると、障害当事者の方を見て、キラキラすることってないじゃないですか。でもきっと、服作りのプロフェッショナルにとって、障害当事者の方が持つある意味での弱さや、解決すべき課題は、「自分というすべてを発揮する」最高の場面だったんです。

役立つ、かつ、目立つ。視力を補完するためのメガネがいつしかファッションアイテムになったように。「041」から生まれた服が健常者にも購入されていったのは、だれかの弱さが、だれかの強さを引き出したから。超マイナーな世界のために超メジャーな企業が動いたから。そんな魔法がかかったからなんだと思います。

クリエイターの餓え、渇き。僕らはみんな、もっと「いいもの」をつくりたかった

「041」に参加してくれた多くの社員さんは、きっとそこまで自分たちの仕事に不満

を持ってはいなかったはずです。憧れのアパレル業界で、花形の商品企画やデザインに取り組んでいられている。でも、ユナイテッドアローズの中にも大きな課題感があったと栗野さんは言います。1つは、モチベーション。

「デザイナーって、最初はたとえばパリコレとかミラノコレクションに代表される既存の権威に認められるために必死にやるんです。でも、ようやく認められる頃にはそんな自分の初期衝動も、ちょっと萎えてきてしまう」。

もう1つは、大量生産・大量消費の社会。

「なぜそんなに急ぐ？　とふと思う。早いことはいいこと？　というふうに。でもファストフードは肥満を生み、ファストファッションは大量廃棄や、バングラデシュで起きた『ラナ・プラザの悲劇』のような、過酷な労働環境を生んだ。早いって、なにかいいことがあったのか？　あんまりないんじゃない？　イージーに選ばれるようなものをやっているかぎりは、イージーに消えてくしかないいか」。

自分たちのつくった洋服が、お客様の手に届くことなく廃棄されることもある。次から次へと新たな流行が生まれ、あっという間に忘れ去られていく。そんなことですこしずつモチベーションが削られ、自分のクリエイティビティがすり減っていくような、そんな感覚。

ＣＭというシャボン玉をつくっている僕ら広告クリエイターと同じです。いや、どの業界のクリエイターも、同じような悩みを抱えているのでしょう。

けれども障害当事者たちの課題が突きつけられたとき、社員さんたちの目の色が変わりました。

障害当事者のみなさんは、ファッションというものに対して、カラカラに喉が渇いていました。「わたしたちは購入対象ともされていない」というあきらめの中、それでも心のどこかでオアシスを求めていた。「気に入った洋服を着たい」「それを着て、おでかけがしてみたい」。その渇きを、クリエイターたちにぶつけたわけです。

クリエイターたちもまた、カラカラに喉が渇いていたのかもしれません。表現としても商品としてもつくり尽くされているファッション業界で、障害当時者たちの課題が光り輝いて見えたのかもしれません。みんな、「もっといいもの」をつくりたかった。

もっと本質的なものを、心から求められるものを、「たったひとり」のために、持てる才能を注ぐことができるこのプロジェクトが、みんなの心に火を灯したんです。

マイノリティとマジョリティの世界に橋が架かった

2018年のリリースから2年が経った2020年の秋、「041」は雑誌「BRUTUS」に掲載されました。

今、ファッションの特集をやるなら、「きれいな服を買いましょう」という話ではなく、そもそも「人と服ってなんだろう?」という話がしたい。そこで栗野さんの元にも声がかかったそうです。

「041」というプロジェクトが始動したのは、世の中で「ダイバーシティ」とか「SDGs」といった言葉が、今ほど叫ばれるより前のことでした。

それから数年が経ち、栗野さんの言葉を借りれば、ユナイテッドアローズには「041」というシード(種)が植えられ、ダイバーシティやサステナビリティに関するプロジェクトも徐々に進んでいるそうです。

また、プロジェクトに携わった方の中には、打ち上げの席で、「実は自閉症の家族がいる」ということを初めてカミングアウトしてくれた人もいたそうです。

家族のために「なにかできたらいいな」と思っていたけど、よもや「自分の本業でそんなことができるとは思ってもいなかった」と。今でもスタッフとエレベーターで乗り合わせたときなどに、「障害のある方でも買いやすいウェブサイトもつくりませんか？」といった追加提案をされることもあるそうです。

本当に、福祉業界からするとめちゃくちゃ心強かった。

マイノリティの世界に、ある意味マジョリティな力が掛け合わさることが、こんなにも希望になるなんて。リーディングカンパニーが持つ包容力が、こんなにもカッコよくて大きいものだなんて。ふたつの世界に橋が架かった。ここに橋を架かけられるなんて、思ってもいなかった。

これからもこうやって、あらゆる業界で「マイノリティデザイン」を進めていきたい。そう思わせてくれたプロジェクトでした。

より良い社会をつくる以前に、より良い自分の働き方を

「切断ヴィーナス」「NIN_NIN」「041」とプロジェクトを進めるにつれ、そこに関わるクリエイター自身の飢えや、悩みや葛藤とも向き合うことになりました。

そして、こう思ったんです。

僕らは、自分のアイデアで「より良い社会をつくる」以前に、そのアイデアを生むための「より良い働き方」をつくらなければいけない、と。

自分の時間を、人生を、経験を「その才能を費やす使い道はそれでいいんですか？」ともう一度、自分に問いかけ、時間を割いて、僕は自分の働き方を3つの方向性にまで絞りました。

① 広告（本業）で得た力を、広告（本業）以外に生かす

② マス（だれか）ではなく、ひとり（あなた）のために

③ 使い捨てのファストアイデアではなく、持続可能なアイデアへ

今、僕のすべての仕事は、この3つの方向性に沿っています。逆に言うと、それ以外の仕事はお断りしています。20代の頃は、仕事を断るのが怖かった。嫌われるんじゃないか、生意気だと思われるんじゃないか、仕事が減るんじゃないか。

でも、断る。

自分で自分の仕事を編集していかないと、芯を食った働き方はできない。だから、勇気を持ってこの3つのディレクションに絞りました。

方向①

広告（本業）で得た力を、広告（本業）以外に生かす

広告の仕事は、チームの人数が多い。

営業、マーケティング、メディア、PR。多様な役割を持った人が関わります。大きな案件だとクリエイティブチームだけで、クリエイティブディレクター3人、CMプランナー5人、コピーライター4人、アートディレクター3人、という状況もざらにあります。その中で、自分の企画やコピーが通る可能性は猛烈に低い。万が一通ったとしても、いろいろな人の手に渡るうちに見る影もなくなってしまうことも、しばしば。

「クリエイティブ搾取」というと言葉が重いですが、なんだか企画を出せば出すほど、クリエイティブを生み出すエネルギーが枯渇していくような……20代の頃はそんな気にさえなっていました。

5年ほどクリエイティブ経験を積んでからは、自分の中で「書ける」という自信はつ

いてきました。でもなかなか、全力でフルスイングできる仕事がない。

そこで僕は一念発起し、群れからはぐれることを決めました。

広告会社に所属していながら、みんなと違う働き方をしよう。イワシの大群から、1匹のイワシがフラフラと別の道を泳ぎはじめた。心もとないし、あたりは暗い。

だけど水は新鮮で冷たくて気持ちよかった。

「キメゾー」というマンガの連載を始めたり、「エビメタ・バンド」で作詞作曲も含めてアーティストのプロデュースをしたり、従来の広告とはちがう領域に自分の能力を使いはじめました。自分が培ってきたささやかなクリエイティビティは、もっともっといろんな場面で活用できる！という予感がふくらんでいきました。

そして、息子の障害と多くの友人たちの障害、という運命の課題との出会いを通じて、いよいよ僕は決めました。

『『広告』をつくるのをやめよう』と。

「広告をつくらない広告マン」という道を選ぶと、地下水脈のように僕の体に流れていた発想やアイデアが、一気に地上に大噴出しました。フルスイングどころではなく、もう全身バットになって球を打ち返すような感覚です。

結果、これまでに紹介した多くの事業やプロジェクト、そしてこの後、第3章で話す「ゆるスポーツ」を立ち上げることができました。

ただ、あくまで従来的な広告、15秒CMやグラフィック広告をつくるのをやめようと思っただけで、広告という行為そのものをやめるということではありません。なぜなら、「キメゾー」や「NIN_NIN」のように、自分発の小さなアイデアに、のちのち企業とのコラボレーションが生まれ、結果的に広告領域の仕事になることは多分にあるからです。

これは、広告以外の業種でも言える話だと思います。

周りを見渡すと、仕事では一流のクリエイターだけど、それを大切な人のために生かしていない人が大勢います。敏腕映像プロデューサーの友人が、家族のためにそのプロデュース能力を生かしていないこともあります。医師の友人が、不摂生な生活をしています。「スキル」と「生きる」が分断していることがままあります。

本業で培った経験や知見を、本業ではないところに、大切な人に、自分の人生に、身の回りのマイノリティに還元する。そして、ミクロでニッチな活動も突き詰めると成長していき、結果、本業に還ってきます。

方向②

マス（だれか）ではなく、ひとり（あなた）のために

「041」というプロジェクトには、売上至上主義の中で袋小路に迷い込んでいた自分への、ひとつの答えが詰め込まれていました。「たったひとり」に向けたものづくりをすることで、改めて気づいたんです。

「マス」なんていない。「だれか」なんていない。まるで、1人ひとりの顔を見る視力が戻ったような。

広告マーケティングの世界には、かならずと言っていいほど「F1層」とか「M3層」とかいう言葉が飛び交います。トレンドに敏感なのは20～34歳の女性で、50代以上は子育てが一段落して購買意欲も高い……なんて、そんな人実在するんでしょうか。ある種のフェイクニュースなんじゃないかな。

定性調査、定量調査、グループインタビュー、本人も気づいていない潜在ニーズまで

探ろうとするデプスインタビューといった手法で、生活者から「なにかお困りごとはないですか？」と聞いていく。

でも、ない。

その調査の結果に、目立った課題はありません。以前、僕が立ち会ったグループインタビューでは、司会の方が「お使いの商品、なにか困っていませんか？」と尋ねていましたが、参加したみなさんはお互いの顔を見合わせていました。

そもそも日本は、平成という「失われた30年」を過ごしてきたわけですが、その理由は「マスに寄りすぎたから」だと思っています。

1970年代に掲げられた「1億総中流」の号令とともに、日本中に中流階級は実際に増えたわけですが、「中流階級」という名のマスに向けてばかりマーケティングを行ってきました。

しかし、日本の生活水準が上がってからは、生活面における深刻な課題というのは減っています。それでも企業としては、もっと彼らに製品を売りたいので、課題探しを続けます。

「ターゲット」を「想定」して「調査」しながら「ニーズを探す」。

ここには、大きな落とし穴があります。それは、ファンタジーからすべてが始まってしまっていること。「オールターゲット」って、いったいだれなんだろう？　そうやって、どんどん「マス」というのっぺらぼうの集団に飲み込まれてしまいます。

じゃあ、日本の社会にもう課題は残っていないのか？

そんなことはなくて、いまだに山積しています。マスからこぼれ落ちている「マイノリティ」と呼ばれる人の中に。

でも、僕の実体験として、これまで広告会社のマーケティング活動の中で、こういった声と向き合ったことがなかったんです。

だったらやろう、と決意しました。

クリエイティブの歴史を調べてみると、「ひとり」のためにつくられたコンテンツは実はたくさんあることがわかります。

世界中で読まれている物語『不思議の国のアリス』は、作者のルイス・キャロルが、アリスというひとりの女の子に語って聞かせた話がもとになっています。『クマのプーさん』は、アラン・アレクサンダー・ミルンが、息子のクリストファーのために書きました。日本を代表するロックバンド「GLAY」がブレイクするきっかけとなった曲『グロリアス』は、リーダーのTAKUROが、地元の友人の結婚を祝うために書いた曲です。だから僕は、いい仕事をするためにも、マスではなく、ひとりを起点に仕事をしようと決めました。

大切な「ひとり」と向き合って働くと、心に火がついて、それが火種となり、自分やチームの「火事場のバカ力」が発揮されることも知りました。ひとりの可能性は無限なんです（その「ひとり」「運命の課題」に出会うにはどうすればいいのかについては、第4章でお話しします）。

方向③

使い捨てのファストアイデアではなく、持続可能なアイデアへ

昨日、テレビやウェブニュース、Twitterで話題になったことを今日覚えていますか？

僕は覚えていません。

残念ながら、昨今のクリエイティブはますます「ファスト化」しています。開発から納期までのサイクルは短く、発表後、途端に消費され、忘却される速度も速い。僕らクリエイターは、壮大な「暇つぶし産業」の一翼を担ってしまっている、とも言えます。

「でもちょっと待てよ。消費されているのは、実はつくり手の自分だ!」「あれ、茹でガエルみたいにじわじわと、いつの間にか僕はファストピープルになっていた!」。

だから僕は、ファストフードみたいな「ファストアイデア」をつくるのは、あるいは欲しがるのは、もうやめにしようと決めました。

世界の流れはSDGsが象徴しているように、どんどん「持続可能性のあるほうへ」と流れています。

企業がつくる商品もサービスは、もっと長い射程で考えていこう。小刻みに推移してきた経済というウェーブに乗るだけではなく、地球環境にも配慮した、もっと大きな流れにも乗ろう。この流れに沿うなら、クリエイターのアイデアも、より持続可能なアイデアへと移行すべきです。もう、キャンペーンばかりつくっていてもキリがないのです。

たとえば、空海が生み出した四国八十八箇所をめぐる「お遍路」というビッグアイデアは、1200年が経った今でも根づいていますし、ゴータマ・シッタールダの悟りをきっかけに花開いた「仏教」も、2500年続いています。

長生きしているアイデアだからこそ、世界にインパクトを残しています。ましてや、マイノリティデザインにおいては、短期的なキャンペーンで変化は起こりづらい。だから僕は、持続可能なアイデアの出し方を、自分なりに研究し、つくっています（第5章で詳しくお話します）。

自分の中にあるマイノリティのために働こう

広告で学んだクリエイティビティを、福祉というマイノリティの世界にスライドさせて、大切な人の「弱さ」を起点にして、ずっと続いていく「仕組み」としてのアイデアを提案する。そんなプロジェクトが積み重なっていくうちに、「マイノリティデザイン」という仕事のやり方がだんだんと見えてきました。

でも、発見はそれだけではありませんでした。

それは、息子や障害のある友人だけでなく、「僕自身も、マイノリティなんだ！」という気づきです。

考えてみると僕は、海外で生活していたときは「日本人」というマイノリティでした。中1のときには、学校で一年に二言しか喋らなかった。そうだ、僕だってマイノリティだったんだ。

そこから始まったのは、「弱さ」から生まれる楽しい逆襲でした。

第3章では、「他者」ではなく「自分自身」の弱さから始めるマイノリティデザインの実践例として、今、僕がもっとも多くの時間を割いている「ゆるスポーツ」をご紹介します。

なにをきっかけに、どのようにスポーツをつくり、どんな展開に広がっているのか。できるだけ具体的にその手順を共有します。

第3章

運動音痴がつくった「ゆるスポーツ」

——「弱さ」から始まる楽しい逆襲

目の見えない息子と公園に行っても、太鼓を叩くことしかできなかった

さまざまなプロジェクトを進行させながら、障害当事者と出会い続け、息子の「子育てマニュアル」は空白が埋まっていきました。息子がこれから過ごすであろう日々を、すこしずつではありますがイメージできるようになりました。

ただ、遠い未来よりもそのもっと手前に、僕には気がかりなことがありました。

「僕はどうやって、息子と遊んだらいいんだろう？」。

家族3人で公園に出かけると、ほかの親子が気になります。バドミントンやキャッチボール、犬と一緒にフリスビーを飛ばす人、自転車の練習をしている人……。

そんな彼らを横目に僕らはというと、レジャーシートを広げて、お弁当を食べて、名前もよくわからない太鼓を叩くことくらいしかできませんでした。

みんながわいわいスポーツをする中、「ポン」という乾いた音が、空に響きます。

ポン。世の中にはこんなにエンターテイメントがあふれているはずなのに。どうして「目が見えない」となった途端に選択肢がなくなってしまうんだろう。ポン。世の中には目の見えない人、耳の聞こえない人、歩けない人がたくさんいるのに、なぜ彼らが楽しめるコンテンツがほとんどないんだろう。ポンポンポンポン……。

僕は怒りにも似た気持ちで、空虚に響く太鼓を叩いてみるのでした。

スポーツって、なんでこんなに選択肢が少ないんだろう？

視覚障害者は、社会との接点が極端に少ないことも知りました。

彼らの多くは、3歳になると盲学校（「視覚特別支援学校」と呼ばれるところもあります）の幼稚部に入学し、高校を卒業するまで、同じように目の見えないクラスメートとともに学んだり遊んだりすることになります。

そこに健常者の子どもはいません。親と先生以外にほとんど健常者と接することがないまま、社会に出るケースも多い。息子が小さいうちから、もっと社会との接点を増やす方法はないだろうか。かと言って、公園に行っても太鼓を叩くだけで終わってしまうし、習い事もなにをさせたらいいのか、なにができるのかわからない。

改めてブラインドサッカーの尊さを、つくづく思い知らされました。

ブラインドサッカーのキーパーとコーラー（ゴール裏にいるガイド）は、晴眼者（目が見える人）です。つまり、自然と見える人との交流が生まれるスポーツ。運営やマネジメントをサポートする女性と結婚した選手たちを何人も知っています。みんなが混ざり合う世界観です。

でも、ブラインドサッカーも含めたパラリンピックスポーツは、かなりのエクストリームスポーツです。選手同士がぶつかって、鼻が骨折してしまった……というのもよく聞く話だし、車いすバスケだって衝突すれば選手が地面に放り出されたりする。

そう、パラスポーツは「ちょっとやってみようかな」で始められるほど、「ゆるい」ものじゃない。僕ら健常者が軽い気持ちでスポーツに挑戦してみるよりずっと、ハードルの高いものでした。

さあ、どうしよう。息子と一緒に体を動かして遊びたい。だけどパラスポーツだとちょっとハード。スポーツって、なんでこんなに選択肢が少ないんだろう？

考えてみたら、僕が世界でいちばん苦手なものは「体育」だった

考えてみたら、そもそも自分だって超がつくスポーツ嫌いでした。

年子の弟はリレーでアンカーを走っていたのに、僕はといえば、典型的などんくさい少年。走ってもくにゃくにゃしているし、ボールを投げてもふにゃふにゃしている。まるで体幹がそこにないかのような、全身運動音痴。だから小学生のときには、足の速いクラスメートが人気を集めるのを横目に、読者ゼロのクラス新聞をつくっていました。

15歳でアメリカへ引っ越してからは、スポーツへのコンプレックスはさらに深刻なものとなりました。

当時通っていたシカゴの高校では、フィジカル・エデュケーション（PE）というスポーツの授業が週に3回もありました。クラスメートのほとんどは当然、日本人より圧倒的に体格の良い白人や黒人ばかり。身長が190センチ台の生徒もザラです。

たとえばバスケの時間。僕がボールを持った瞬間、「チャンスだ」と、巨人たちが一斉に襲いかかってきます。泣きじゃくりそうになるくらい怖い。スポーツを楽しむどころか、生きてその場をしのぐことで精一杯。社会人になってから、「これで体育の呪縛から逃げられる……」とホッとしたのもつかの間。先輩から無理くりフットサルに誘われ、あげく奇跡のシュートを決めてしまい、「まさか澤田が！」と爆笑される始末。

僕は静かに決意しました。

「スポーツから引退しよう」。もう、永遠にスポーツはしないんだ。

世間ではマラソンブームに火がついていました。走る市民ランナーたちをテレビで見ながら、「ただ走るだけなのになにが楽しいんだろう」とひとりつぶやき、やさぐれていました。

そもそも名前が良くないな。運動音痴は「スポーツ弱者」だ！

なぜ人間は間違える生き物なのに、体育の時間だけは一切のエラーを許されないのか。納得がいかないまま、僕は「スポーツができない」という弱さをひた隠しにして仕事に打ち込みました。

ところが、福祉の世界に飛び込んでみて、「医学モデル」「社会モデル」という考え方があることを知ってから、僕は再びスポーツに歩み寄ることになります。

たとえば、脳性麻痺で車イスを使っている人がいたときに、「日常生活が大変なのは、あなたに原因がある。だからリハビリして、あなたを『健常者化』しましょう」というのが医学モデル。一方で、「日常生活が大変なのは、社会に原因がある。だから段差をなくしたり、エレベーターを設置しましょう」というのが社会モデル。

これを知ったときに、「あ！」と思ったんです。体育が苦手なのは自分のせいだと思ってきたけど、「社会モデル」で捉え直すと、ひょっとして、ひょっとしてだけど、「これって体育のほうが悪かったんじゃない？」。衝撃的な発見でした。

折しもそのタイミングで、東京オリンピック・パラリンピックの招致が決まりました。どうせ盛り上がるに決まっているお祭り。だったら、爪を噛んで外から眺めるよりも、思い切ってその中にダイブできないか。よし、やるぞ……。

息子と、だれよりも自分のためにもやるしかない。こうして、清水の舞台から飛び降りる覚悟で、スポーツの世界に踏み込むことにしました。

仮説

「自分の強み」×「自分の弱み」でスポーツをつくれないか？

もし今、目の前にあるスポーツが素晴らしく完璧なものなら、だれもが人生にスポーツを取り入れ、健康的な人生を謳歌しているでしょう。

けれども2015年当時の調査で、約60％の人が日常的にほとんどスポーツをしていないことがわかりました。

ナイキもアディダスも、みんな、スポーツ弱者には目を向けていないのでしょう。だって、いち生活者として、僕はこれまで一度も「君がスポーツを楽しめる靴を開発したよ！」「こっちおいで！」と誘われたり、受け入れられた記憶がないからです。

ハッとしました。「運動音痴は、見えないマイノリティなのかもしれない」。

そうだ、スポーツが苦手な人を「スポーツ弱者」と定義し、その視点を持ち込むことで、新たなマイノリティデザインができるんじゃないだろうか――。

今度は「自分のため」に、自分のスキルを使うことにしたんです。自分自身をクライアントに置き換えて、クリエイティブディレクターとして、この課題と向き合うことにしました。

目が見えなくても、運動が苦手でも楽しめる、まったく新しいスポーツ。パラスポーツのように「運動が得意な障害者」でなくても、だれもが楽しめるようなスポーツ。そんなスポーツがあればいいいんじゃないか。

研究

バブルサッカー……あれをやれば、僕ら親子だってイケてる存在になれる

スポーツ弱者の僕でも楽しめるスポーツってなんだろう？

そんなことを考えていた矢先、ノルウェー生まれのスポーツ「バブルサッカー」の映像を見る機会にめぐまれました。

ルール自体はサッカー。

ですが、異なるのはその見た目です。巨大な「バブル（BUMPER）」を身体に装着したプレイヤーたちが、人とぶつかるたびにボヨンボヨンと跳ね返り、フィールドの上をゴロゴロと転がっているんです。そして、聞こえてくるのは爆笑。

僕はそれを観て、真っ先に思いました。「これならできるかもしれない！」。

バブルに入ればケガを防げるし、サッカーがうまい人は弾いてしまえばいいし、なにより音を頼りにプレーすれば息子もできるかもしれない。公園でバドミントンやなわと

びをしている人の横で、バブルサッカーで遊んでいれば、ひときわ目をひいて、「イケてる」存在になれるかもしれない。イケる、イケるぞ……。

調べてみると、どうやらまだこの競技は日本に上陸していないようです。

会社のカフェテリアで、仕事そっちのけで夢中になって動画を観ていると、偶然ある人物が通りかかりました。スポーツ関連のビジネスを行っている社長さんでした。

なんというタイミング！　声をかけ、あれよという間にバブルを輸入することになり、バブルサッカーの任意団体を立ち上げました。そこからはもう破竹の勢いです。

イベントを開催すれば、チケットは即完売。その後、全国各地にあるラウンドワンの「スポッチャ」というアミューズメント施設で、一斉導入されることが決まりました。

こうして、輸入からわずか半年ほどで、把握しているかぎりでも5万人以上の人がバブルサッカーに興じることになりました。

ところが。

その熱狂のさなかにいながら、僕はどこか釈然としない思いを抱えていました。バブルサッカーのイベント会場で、参加者がバブルの前で「イエーイ！」と集合写真なんかを撮っているのを、笑顔なのに眉間にシワを寄せて眺めていました。

確かに、バブルサッカーは大ブレイクしました。うれしくないわけではありません。

でも、「息子が大きくなっても、たぶんバブルサッカーでは遊べないだろうな……」。

実際にやってみてわかったんですが、バブルサッカーはスポーツが苦手な人でも楽しめるとはいえ、思い切り跳ね飛ばされたり、転ぶと意外と衝撃で痛かったり、なかなかスリリングなスポーツだったんです。僕も怖いし、ぶっちゃけそこまでやりたくない。

内心、肝心の目的を果たせないことにモヤモヤしていました。

発見

弱者でも楽しめるスポーツには、再現性のある「法則」があった

僕は思いました。

「広告や漫画や音楽をつくるように、いっそスポーツをゼロからつくれないだろうか」。

手はじめにバブルサッカーを研究して、その人気の理由をつきとめることにしました。なぜこれほどまで、スポーツ好きの人もそうでない人もバブルサッカーに興味を持ってくれるのか。プレーをつぶさに観察し、試合後に「どこが楽しかったですか？」と参加者にインタビューしてみました。すると、ある法則が見えてきたんです。

1つ目は「勝ったらうれしい。負けても楽しい」。

既存のスポーツのほとんどは、勝てなかったら悔しいし、一方的に負けてしまえば、イヤになってそのまま辞めてしまうこともあるでしょう。部活動の延長戦上にある勝利至上主義、それ以外は許されない。

けれどもバブルサッカーは、勝てばもちろんうれしいし、飛んだり跳ねたり予期せぬプレーの連続で、負けても楽しく、すがすがしい。多様なプレースタイルが容認されていて、勝とうが負けようが、思いきりはしゃげるんです。

2つ目は「共有したくなること」です。

スポーツの用具や、プレーしているシーンが、明らかに今までのスポーツとは違い、つい写真に撮ってだれかに見せたくなる見た目。ネーミングも「ナニソレ？」と気になり、ルールもついだれかに喋りたくなること。バブルサッカーは、そのビジュアル・名前・ルール、すべての要素で多くの人の関心を惹きつけているのだとわかりました。

3つ目は「笑えること」。僕が経験してきた体育は、ミスして「笑われる」ことはあれど、みんなで笑うことはあまり記憶にありませんでした。

でも、バブルサッカーではむしろみんなが爆笑しています。そんな空気の中だと、ミスをしようが大したことない。とにかく、「いい大人がバブルを装着して、跳ねたり、転がったりしている」というシーンがとても愉快。参加者からも「笑えた！」という感想が多く聞こえました。

広告というビジネスにも、コピーライティングという職人芸にも、再現性のある「型」や「法則」というものは存在します。同じように、僕はこの3つの法則を手がかりに、新しいスポーツを考えることにしました。

負けても楽しくて、みんなと共有したくなり、笑えるスポーツ。スポーツが得意な人もそうでない人も同じ目線で「ゆるく」楽しめるようなもの……。既存スポーツのストイックなところを極力なくして、できるだけ間口を広くすることができたら……。

そうだ！「ゆるスポーツ」という名前なんてどうだろう？

事例①

運動音痴でも日本代表選手と戦える「ハンドソープボール」

ぼんやりと「ゆるスポーツ」なる概念を思い描いていたところ、あるアスリートと出会いました。ハンドボール元日本代表キャプテンの東俊介さんです。

東さんは現役を引退後、ハンドボールの振興に取り組んでいました。

一度観てもらうとわかるんですが、ハンドボールはめちゃくちゃハードでスピーディなスポーツです。身体全体を弓のようにしならせてシュートを投げこむ。東さんも身長190センチを超える上背で、もし僕が一緒にコートに立てば、足がすくんでしまうでしょう。スポーツ弱者の僕にとっては、あまりにハードルの高いスポーツに思えました。

そんな僕でも、もし対等に戦えるハンドボールがあれば。みんなで遊べるハンドボールをつくれば、結果としてファンが増える取り組みにできるんじゃないか。

お手本のバブルサッカーを、改めて思い浮かべてみました。

「スポーツが得意な人もそうでない人も、一様にバブルを身につけている。上半身を思うように動かせないという同じ『ハンデ』を背負っている。だから、同じ目線で楽しむことができる。あ、なるほど。ある意味、バブルサッカーは『障害スポーツ』なんだ。じゃあ、手を使えなくしたら……？　いやいや、それはもはやハンドボールじゃない。それでもなんとか手にハンデを負わせるにはどうすればいいだろう？」。

そんなことをずっと考えていると、球技をプレーしている自分を思い出しました。「ボールが僕のところに来る。そして、かならずと言っていいほど取り損ねたり、レシーブに失敗する。すると、周りの同級生は『あーぁ……』とため息をつく。あの、いたたまれない空気……。でも、ちょっと待てよ。それなら、ほかの人もボールを取り損ねてしまうようにしたら？　たとえば、手がツルツル滑るようにしたらどうだろう……？」。

東さんのような強者がボールを「おっとっと」と落とす様子を思い浮かべると、なんだかワクワクしてきました。

じゃあ、手をツルツルにするにはなにを使えばいいだろう？「とろろ芋？　いやいや、手がかゆくなってしまう。うーん……」と考えながら手を洗っていると、ハッとしました。「ハンドソープをつけると、手がツルツルする！」。

しかも！　僕の中のコピーライターの目が光りました。「ハンドソープ」と「ハンドボール」、どちらも「ハンド」がついていて、よく似ています。「ハンドソープでハンドボール。ハンド、ハンド……ハンドソープ……ボール！　よし、競技名は『ハンドソープボール』にしよう！」。

かつてギャグCMをつくっていたときの楽しさが蘇っていました。

目指すのは、負けても楽しくて、みんながシェアしたくなる、ユーモアのあるスポーツ。それにはなんと言ってもネーミングが重要です。一瞬で印象に残って、どんなスポーツなのかを端的に示したキャッチーな名前。「ハンドソープボール」なら、一言で「ハンドソープを使ったかつてない新しい球技」であることが伝わるし、「ハンドボール」という従来のスポーツ名も想起されやすい。

その流れで、基本ルールも考えました。「試合開始直前にプレーヤーがハンドソープを手につけてハンドボールをする。もし試合中にボールを落としたら、そのプレーヤーはハンドソープをさらに追加する。試合中、ハンドソープを追加してくれるのは、そうだ！『ソーパー』という役割をつくろう……」。

まるで、CMのストーリーを考えるときのように、想像が止まりませんでした。

ベストなハンドソープを研究する日々は、クライアントに企画提案する日々に似ていた

この段階ではまだ単なる思いつきです。果たしてスポーツとして成立するのか、実際にやってみなければわかりません。ひとまず、いろんなハンドソープを試して、いちばん手がツルツルになるものを選んで試合をしてみることにしました。

そこで、大きな問題が浮上しました。なんと、ハンドソープの「ツルツル寿命」が短く、プレーしているうちに手のひらがベタベタになり、「気持ち悪い」「ハンドボールどころじゃない」と、不満の声が挙がったんです。ベタベタ感をごまかすためにハンドソープを追加しても、さらにベタベタが増す地獄のスパイラル。

反省を生かして、今度はハンドソープに粘り気のある液体を配合し、ハンドソープボールに特化したオリジナルハンドソープを開発しました。会社の後輩のアートディレクターにロゴやボトルのデザインまでしてもらい、準備万端です。

ところが二度目の試合では、すぐに手やボールが乾いてしまい、「カサカサになってしまう」と女性たちからお叱りを受けました。手をツルツルにしなければならないのに、カサカサでは元も子もありません。

こんなにハンドソープの話をするつもりはなかったんですが、もう止まりません。すみませんがもうすこしだけ。

よし、今度こそ。会社から帰ってくると、家でひたすらハンドソープの試作を繰り返しました。眠い目をこすり、「オリジナルソープの開発が、このハンドソープボールの命運を握っているんだ……」と、自分を鼓舞しながら。

ハンドソープとの格闘の日々は、まさに広告クリエイターとしてクライアントに提案するための、完徹の日々さながら。ハンドソープの完成は、はじまりに過ぎない。このハンドソープで、たくさんの人にハンドボールを楽しんでもらうんだ……！　なにをやっているんだという気もしますが、当時の自分は真剣そのものです。

そして、三度目の正直。「ここでうまくいかなければ、もう諦めたほうがいいのかもしれない……」。そんな悲壮な決意を胸に迎えた試合の日。ついにベストなハンドソープにたどり着き、試合は驚くほど盛り上がりを見せたんです。

ミスが怖くなくなるルールにしよう

試合前にハンドソープを手につける段階で、「わー、見て見て！」「超すべる！」と、にわかに沸くプレーヤーたち。

試合が始まると、熱気あふれる中で珍プレー好プレーが、そして次々と新しい専門用語が生まれました。試合前につけるハンドソープは「スターティングソープ」、プレー中にボールを落とした際につけるのは「アディショナルソープ」。ボールがフィールド外に出たら、ボールに直接ハンドソープをつける「ダイレクトソープ」——。

だれかがファインプレーをするたび、自然と「ナイスソープ！」という声援が飛び交うようになりました。謎すぎる言葉ですが、みんなとても楽しそうです。

すごい。プレーすればするほど、どんどん進化していく！！！

オリジナルハンドソープはというと、ベタベタにならず、かといってカサカサになるわけでもなく、まさに理想的な使い心地でした。黄金比の完成です。

　ハンドソープボールの醍醐味は、ボールを落としたりミスしたりすると、一斉に笑いが起こるところです。運動神経抜群の人たちも次々とボールを落とし、「ワンソープ！」と審判から宣告され、味方のソーパーのもとへあたふたと走ってソープを追加する。その愉快な光景に、場は爆笑の渦につつまれました。

　ほかのスポーツで僕がボールを落とせば、「あーぁ」とみんなため息をつくのに、ハンドソープボールではみんなゲラゲラ笑ってくれる。これならミスも怖くありません。

試合が終わると「ナイスソープ！」と、両チームのプレーヤーたちがヌルヌルの手で握手を交わしました。握手するにもひと苦労。最後まで、みんな楽しそうに笑っています。その場は、充実感と多幸感に包まれていました。

ふと東さんと目が合うと、お互い無言でうなずいていました。まさに、ひとつのスポーツがシンギュラリティ（臨界点）を超えた瞬間でした。

こうして、ハンドソープボール体験会は大団円に終わりました。「またやりたい！」「今度は友だちを誘って参加します！」——。スポーツが得意な人もそうでない人も、そして日本代表選手さえも同じフィールドに立って、みんなでミスを連発して、笑い合う。しかも、ちゃんとスポーツをしたときのようにヘトヘトになって、のどが乾いて、その後に食べるごはんだって最高に美味しい。

僕はしみじみと、感動していました。スポーツ引退を決意したはずのこの僕が、試合後にこんな晴れ晴れとした気分になるなんて。こんな瞬間が、人生に訪れるなんて。はじめて、スポーツを心の底から「楽しい！」と思いました。そして、僕と同じ気持ちになった人が、参加者の中にもきっといたはず。

こうしてハンドソープボールは、まったく新しいスポーツジャンル「ゆるスポーツ」

としてこの世に誕生しました。

自分起点のマイノリティデザインを走らせるんだ。僕は、ゆるスポーツ構想を本格始動させました。

「スポーツ弱者を、世界からなくす」世界ゆるスポーツ協会、誕生

ハンドソープボール1つだけでは、単発で終わってしまうキャンペーンと同じです。そうではなく、この後もどんどん新しいスポーツが生まれていく「プラットフォーム」そのものをつくりたい。だから、スポーツ弱者でも楽しめるスポーツをあと5つ考えて、「ゆるスポーツ」として大々的にローンチ（公開）することにしました。

なぜ「ゆる」という言葉を選んだかは、もう1つの著書『ガチガチの世界をゆるめ

る』(百万年書房)にゆずりますが、とにもかくにも今までの「ガチガチのスポーツ」とはまったく別のスポーツであることを示したかったのです。

日本バブルサッカー協会を一緒に立ち上げた萩原さん、そして広告会社のプロデューサーである緑川さんに声をかけ、協会設立に向けて動き出しました。また、会社の後輩・同僚、いろいろな業界のクリエイターたち、さまざまな障害当事者に「『ゆるスポーツ』ってのを考えてるんだけどね……」「スポーツをつくらない?」と語って、おもしろがってくれる人をどんどん仲間に引き入れました。

ゆるスポーツの定義を定めつつ、アイデアを練り、プロトタイプをつくり、トライアルをし、ブラッシュアップし、ロゴを制作し、用具を開発し、動画を制作し、サイトを整える。目の回るような日々を駆け抜け、満を持して2015年4月10日に「世界ゆるスポーツ協会」が誕生しました。

ミッションはずばり、「スポーツ弱者を、世界からなくす」。自分みたいなスポーツ嫌いを、世界からゼロにしたいと思ったんです。

すると、ローンチ直後からメディアで取り上げられ、すぐに「ゆるスポーツをやりたい」「一緒につくりたい」とたくさんのオファーをいただくようになりました。

YURU
SPORTS
スポーツ弱者を、世界からなくす。
世界ゆるスポーツ協会
WORLD YURU SPORTS ASSOCIATION

事例②

歩けない人が強くなる「イモムシラグビー」

パラアイスホッケー（ソリに座って行うアイスホッケー）の元日本代表選手で、バンクーバーの銀メダリストでもある上原大祐さんも、そのうちのひとりです。

ある日、彼の家へ遊びに行ったところ、こんなことがありました。

彼は、外で会うときは車イスに乗っているんですが、家では玄関に車イスを置いて、床を這うようにして生活しています。

「ちょっとお茶とってくるね」。そう言葉を残した次の瞬間、あっという間に「シュシュシュシュ！」とキッチンへ動き出す彼。それを見て、僕は驚きました。「えっ、今の動き、なに？　なんでそんなに速いの？」。

尋ねると、上原さんは「えっ……なんでって、いつもこうしてるから」と涼しい顔をしています。僕は、彼に隠されていたこの能力を生かさない手はないと思いました。

上原さんからは、こんな悩みごとを聞いてもいました。

トレーニングのために体育館を借りようとすると、「車イスお断り」のところが多い。「タイヤの跡がつくかもしれない」「床が傷つくかもしれない」そんな理由で、なかなかスポーツができない。パラリンピックのメダリストさえ、自由に体育館を使うことができないなんて。思わぬ形で、上原さんもまたスポーツ弱者であることを知ったのでした。

それならいっそ、車イスを使わず、上原さんがシュシュシュシュとやってみせたように、床を這うプレースタイルのスポーツをつくれないだろうか？

でも単に床を這うと、なんだか罰ゲームみたいに見えるかもしれない。『床を這う』という行為に必然性を持たせなければ。単にほふく前進するだけだと戦場みたいだし、もっとゆるくて楽しそうなものを……」。

そうやって思いついたのが「イモムシラグビー」です。みんながイモムシに変身して、ゴロゴロ転がったり、シュシュッと這うスポーツ。

イモムシをモチーフにするからには、ウェアもイモムシしずるたっぷりのものをつくろう。衣装づくりが得意な知人にお願いして、オリジナルウェアをつくってもらうことにしました。床を這うわけなので、すべりやすい素材でありながら耐久性があって、通気性もなければいけない。しかも、「かわいいイモムシのデザインで」という注文は外せない。ハンドソープボールと同じく試行錯誤が続きました。くる日もくる日も、イモムシウェアの改良を続けます。「絶対に正解のイモムシウェアがあるはずだ！」。半年くらい試作と検証を繰り返して、ようやく完成形に近づきました。

そして、いよいよイモムシラグビーのデビュー日。

ルールは簡単。5人1組のチームに分かれて、ラグビーを行います。全員がイモムシウェアを着てゴロンと転がるので、動くときには「這う」か「転がる」しか

ありません。パスも基本的にはゴロだけです。トライゾーンでボールを地面につける「イモムシトライ」が2点、ゴールポストに見立てたカラーコーンのゲート目がけて「イモムシスロー」をして、ボールがゲートをくぐり抜けたら3点。もしラフプレー（危険な行為）をしたら、その場でひっくり返って、1プレイ分ひと休みする「イモムシフリーズ」がペナルティとして課されます。

上原さんももちろん、試合に参加しました。そのほかにも片足切断の人や半身麻痺の人、健常者も一緒になって試合をしてみると……。

予想通り、上原さんはものすごいスピードで地面を這い、華麗なプレーを見せてくれました。必然的に上原さんが攻撃を担うフォワードとなり、いわゆる健常者がディフェンダーとして守りを固める。そんなラグビーさながらの役割分担も自然と生まれました。そしてなにより、イモムシに変身したお互いを見ながら、みんなゲラゲラ笑いながらも汗だくになって、夢中になってプレーしている。

障害のある人もそうでない人も、それぞれの強みや特性を生かして、だけどちゃんとスポーツとして燃えるイモムシラグビーは、まさに理想的なゆるスポーツとなりました。

事例③

大手スポーツ用品メーカー、ミズノさえ巻き込んだ「ベビーバスケット」

ゆるスポーツは、次第にさまざまな企業を巻き込んでいきました。

たとえば、面白法人カヤックと共同で開発した「ベビーバスケット」。カヤックとブレストしながら、「ボールスピードを殺すような競技ができないか？」というコンセプトをもとに生まれたスポーツです。

ベビーバスケで使用するボールにはセンサーとスピーカーが仕込まれていて、強い衝撃を検知すると「えーんえーん」と赤ちゃんのように泣き出します。ボールを泣かせてしまったら、容赦なく相手ボール。パスもそっとキャッチしなければならないし、ドリブルなんてもってのほか。

すると、どんなにバスケがうまい人でもスピードを封じられるため、みんな平等に下手になります。むしろ、球技のうまい人ではなく、「母性のある人」のほうが有利になる仕組みです。

実際、Bリーグ（プロバスケリーグ）のファン感謝イベントでベビーバスケを行うと、身長2メートル近くある選手よりもファンのほうがうまいときがあります。細かいフェイントも高速パスも豪快なダンクシュートも、選手たちの持っている強みがすべて封じられてしまうことになるからです。

この競技、実はスポーツ用品メーカーのミズノも途中から加わり、ボールの開発に一役担ってくれました。そう、今まではは主にスポーツ強者相手にビジネスをしてきた大手スポーツメーカーが、僕ら（スポーツ弱者）の仲間になってくれたん

です。

「山が動いた！」。僕はうれしくてたまりませんでした。

「強い」「速い」「高い」以外の勝ち方の多様化を目指そう

強者と弱者が一緒に楽しめるスポーツを考えようとすると、多くの人はこんなルールを決めがちです。「女性が得点を決めたら、点数を倍にしよう」。

でも、ゆるスポーツは障害者やスポーツ弱者を「特別扱い」しません。あくまでフェアなルールを設計します。だって、そのほうが勝ったときにうれしいじゃないですか。

これまでのスポーツには、「最強な人」しか生き残れる環境がありませんでした。言わば、「海の中でサメだけが生き残れた」みたいなことです。でもそれって、海として豊かな環境なんでしょうか。

海にはアジやサンマもいて、エビやタコもいて、プランクトンやサンゴもいる。それらがそれぞれに適した環境で、共存しているのが豊かな自然です。

人間の話に戻してみても、それこそが豊かな社会のはずです。

「だれかを特別扱いしてハンデを用意する」という考え方は、マジョリティの社会からの目線にしかすぎない。

そうじゃなくて、勝ち方すら変えればいいんじゃないか。

既存のスポーツでは、「強い」「速い」「高い」人がヒエラルキーの上位にいます。でも、「母性がある」とか「這うのがうまい」とか、スポーツマイノリティの多様性に寄りそって、勝利のパターンをつくる。新しいルールをつくり、前提条件を覆され、勝利のセオリーが機能しなくなると、スポーツは一気にカオスになります。

つまり僕らは、社会という水槽の底に沈殿していたあらゆる偏見や固定観念を、ゆるスポーツというマドラーで、ぐるぐるかき混ぜはじめたんです。

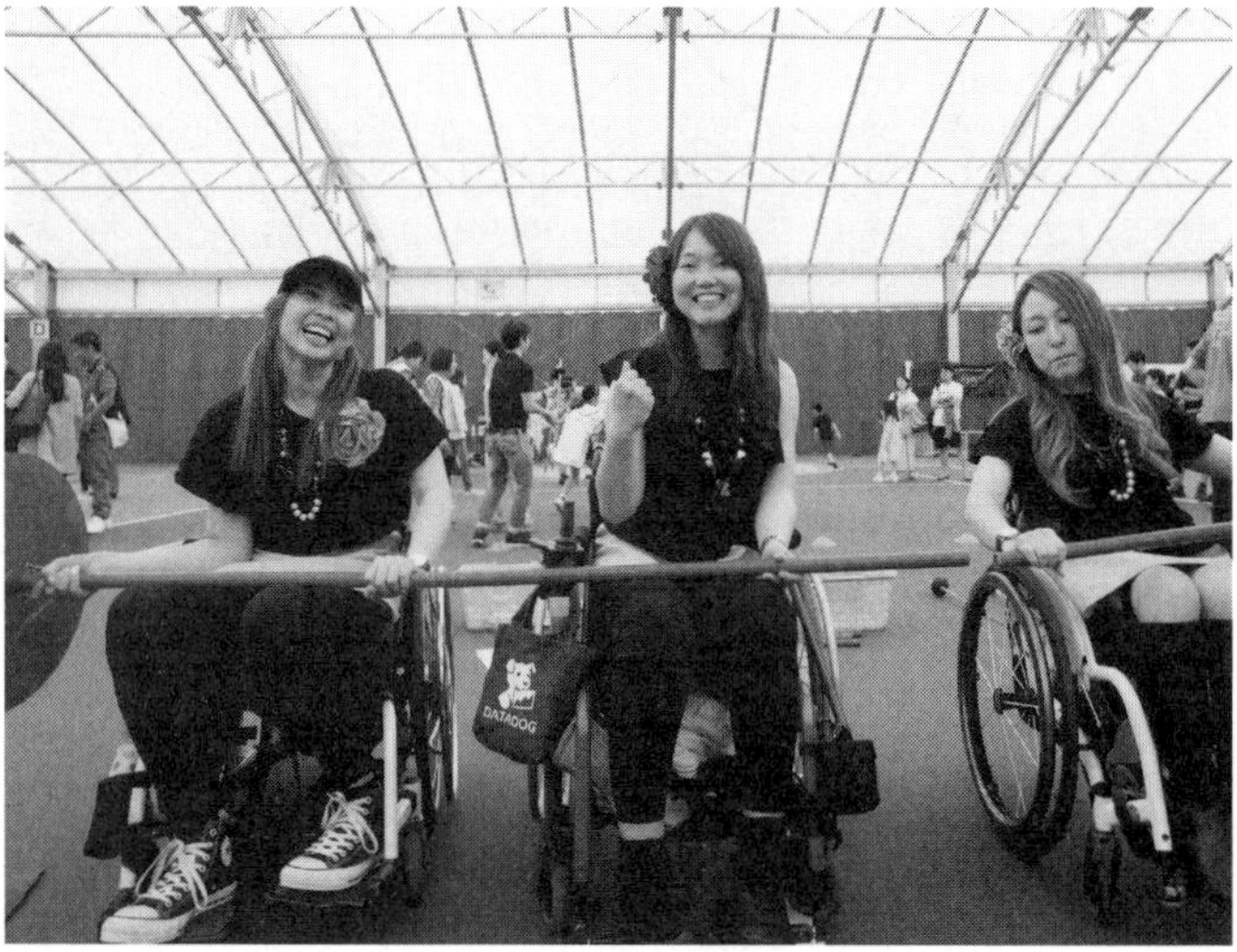

軽くて長いバーベルを、チームでどれだけ上げ下げできるかを競う
「スピードリフティング」

スイートスポット（ボールを打つのに最適の個所）に
穴があいたラケットを使う卓球「ブラックホール卓球」

アイデアを出すって、新しいスタートラインを引くこと

ずっとゆるスポーツのことを考えているうちに、ある問いが芽生えてきました。

「障害者と健常者の境目って、いったいなんだろう？」。

ゆるスポーツは、健常者と障害者の壁を、スポーツで問い直しています。

障害の有無がリセットされ、ヒエラルキーがなくなり、バリアがフリーになる。ある意味「オリンピック」と「パラリンピック」で分断されていた健常者と障害者が、自然と交わることができる。「心にバリアフリーを！」なんてポスターで謳われるより、3分イモムシラグビーを一緒にプレーするだけで、圧倒的に仲良くなることができる。

これまでのスポーツは、スポーツ強者を起点に進化してきたため、限られた人しか活躍できず、強者と弱者の間にある溝が年々深くなっていました。

でも、既存のルールでは能力を発揮できない人でも、新しい前提条件をつくることに

よって、だれもがヒーロー・ヒロインになれる可能性がある。それを知った僕は、改めて「クリエイター」という仕事の役割を認識しました。

この社会に、新しいアイデアで、新しいスタートラインを引く。それこそが、「クリエイター」と呼ばれる僕らの仕事なんだと気づいたんです。

障害者だけではありません。

今、少なからぬ人が、なにもできない、能力を発揮できない、思い通りにならない……と、無力感を覚えている。日本財団がまとめた「18歳意識調査」（２０１９年）によると、「自分で国や社会を変えられると思う」と答えた若者はわずか１８・３％。

「むなしさの頂点」のような時代だからこそ、スタートラインをいろんな場所にたくさん引いて、だれもが自分のレースを走れるようにする。みんなで、まっさらなスタートを切る。そこに経験者はいないから、みんながフラット。みんなが主人公になれる可能性があります。

「磯野、野球やろうぜ！」くらいの感覚で、みんなにゆるっと呼びかけたい

しかもそれは、大それたことじゃなくて、なるべく「ゆるい」ほうがいい。中島くんが「磯野、野球やろうぜ」ってカツオに言うみたいな感覚で、「ゆるスポーツつくろうぜ」「楽しいからみんなやろうぜ」って呼びかけたいと思ったんです。

「ゆる」って、自由を感じませんか？

ゆるく楽しい世界観に浸っていたら、いつの間にか、知らない人のことを知れた。仲良くなれた。自分を好きになれた。そんな世界をつくりたい。もうやるしかない。

かくして「世界ゆるスポーツ協会」は、２０１５年にスタートラインに立った瞬間から、走り続けることになります。

これまでゆるスポーツを体験してくれた人は10万人以上いるんですが、そのうちの半数は「スポーツをやらない人」「スポーツに苦手意識がある人」です。

つまり、これまで5万人の「スポーツ嫌い」を、ある意味では「スポーツ好き」に変えてきました。

スポーツ業界の偉い方から「こんなのスポーツじゃない！」と言われたことがあります。その気持ちもわかります。だって、スポーツが絶対的な神だと思っている人からしたら、「こんにちは、ゆるキリストというものをつくりまして」と門外漢の人から言われるようなもんです。腹も立つでしょう。

でも実は、「スポーツ（sports）」の語源には、ラテン語の「デポルターレ（deportare）」という言葉があります。直訳すると「港を離れる」「憂いを持ち去る」、つまり気晴らしや息抜きという意味です。

スポーツには本来、役に立つことや生産的なことばかりを強いられている人間に、「気晴らし」を提供する意義があった。だからゆるスポーツは、スポーツを本来の姿形に戻しているだけなんです。

コピーを書くだけで終わらずに、「遊び場」そのものをつくった

「新しいスポーツをつくってみませんか？」といろんな人に声をかけていたら、あっという間に300人以上の仲間が集まっていました。

講演をすると、よく聞かれることがあります。「どうしてそんなに多くの人を巻き込むことができたんですか？」。

1つには、「自分も運動が苦手なんです！」という、同じコンプレックスを持った方が多く集まったという理由があります。

つまり、「弱さ」が人を結びつける紐帯（ちゅうたい）を生んだ。

もう1つは、「その課題、おもしろそう！」と純粋に多くの人を惹きつけた。

仕事の中で与えられる課題は、どうしても限られてきます。働く人にとって課題とは、心に火をつける着火剤のはずです。でも、そのスターターとしての火がなかなか見つか

らない。そんな中、「スポーツ弱者を、世界からなくす」というミッションを掲げることで、それを見て、心を燃やしてくれた人がいた。

多くの人は副業として、またはプロボノとしても参加してくれました。それは、お金も大事だけど、ゆるスポーツが掲げるビジョンや言葉、あるいはマイノリティデザインに価値を感じてもらえたからだと思います。今では、ゆるスポーツを本業にしているメンバーもいます。

おそらくこれまでのコピーライターだったら、「ハンドソープボール」という名称を思いついた時点でお役御免だったでしょう。多くの人の関心を引きつけた時点で、巻き込むという目的は達成される。

けれどもそこからさらに一歩踏み込んで、世界ゆるスポーツ協会を設立し、ミッションを規定し、みんなでスポーツをつくり出せるようにした。だからこそ長期的な視点で、個人や企業、団体、自治体がそれぞれのモチベーションを持って関わることのできる「新しい遊び場」として捉えてもらえるようになっていったのでしょう。

それはキャンペーンやCMという仕事のように、一瞬に消費されるものではありませんでした。

そもそもクリエイターのアイデアなんて、広告枠のオマケでしかなかったから

そもそも、大手広告会社の強みは「メディア力」にありました。テレビや新聞、ラジオなどマスメディアの広告枠をまとめて購入し、それぞれのクライアントに適したプランを提供することです。つまり、クリエイターが考える広告の内容自体は乱暴に言ってしまえば「オマケ」なんです。

けれども年々、マスメディアの広告費は減少し、その代わりに台頭してきたのがご存知、インターネットです。

90年代後半からすこしずつ伸長してきたインターネット広告費は、2004年にラジオの、2007年に雑誌の、2009年に新聞の広告費を抜き去り、ついに2019年、テレビの広告費を上回りました。

ひとり暮らしの若者の中には、家にテレビがない人も増えてきました。いまや広告の

主戦場はTwitterやYouTubeといったインターネットの世界です。でも、そこでだって、「観たいコンテンツを邪魔される」存在でしかありません。広告を「スキップ」するのが当たり前の機能としてあるわけですから。

でもだからこそ、今まで以上にクリエイティブそのものの価値が上がっているとも言えます。

メディアの力や、メディアとの親和性にかかわらず、そのアイデアそのものが強い力を放ち、拡散され認知を獲得していく時代。今、必要なのは、「メディアのようなクリエイティブをつくる」という発想だと僕は思います。

瞬間芸ではなく、長生きをする。なおかつそのクリエイティブの上を、あらゆる企業や人が行き交い、結果、情報が多くの人に届いていく。

ゆるスポーツは、実は「新しいメディア」でもあります。スポーツ弱者という数千万人にリーチする可能性のある、ある意味では「マスメディア」です。

実際に、多くの企業がゆるスポーツを「メディア」と捉えて、相談してくれる機会も増えていきました。日本コカ・コーラ、AGC、そごう・西武……。ひとつ、その事例を紹介します。

事例④

CMの代わりにスポーツをつくった。NECの「顔借競争」

世界ゆるスポーツ協会が受ける企業からの依頼はさまざまです。「イベントで披露できる今までにない親子でできるスポーツをつくってほしい」「運動が苦手な中学生が、得意な子と競えるスポーツをつくってほしい」。その中でいちばん多いのが、「弊社のアセット（テクノロジー）を活用したスポーツをつくってほしい」というオーダーです。

2018年には、NECと「顔借競争」というゆるスポーツをつくりました。

これはもともと、友人として仲良くしていたNECの山本さんという方から相談を受けたのがきっかけでした。

山本さんはNECに入社後、復興庁に出向して、東日本大震災に関するさまざまな復興支援企画に取り組んでいました。そして2014年、自社に戻ると「東京2020ゴールドパートナー」を手がけ、オリンピック・パラリンピックに関する事業推進に取り組むことになりました。

彼は「CMとは違う形で、なにかオリ・パラと連動したアクションを起こすことができないか」と考えていました。せっかく予算をかけてつくるCMが差別化できず埋没しかねない危機感から、僕に相談してくれたんです。

「イメージアップ」だけではもう難しい時代です。新しいリアルをつくりたい。もっと、「その企業だからこそできる表現」があるんじゃないか。その企業がやる必然性のある企画がいい。そう思い、山本さんからNECが持っているさまざまなテクノロジーについて教えてもらいました。

そこで例に挙がったのが「顔認証技術」でした。

NECの顔認証技術は、「精度もスピードも世界一」と言われるほど特に優れているのだと言います。空港やイベント会場では使われはじめていますが、あくまで「縁の下の力持ち」。このテクノロジーにスポットライトを当てたい。けれどもそのすごさは、やはり体験してもらわなければ伝わりにくい。そこで、CMの代わりに顔認証技術を使って、新しいゆるスポーツをつくることを提案しました。それが、「顔借競争」。

これは、会社の後輩のアートディレクターとプランナーが中心となって、アイデアを形にしてくれました。「借りもの競争」をモノではなく人にスライドさせた、自分と顔がいちばん似ている人を探すスポーツ。

ルールはこうです。スタートの合図と共に、90秒以内に会場から「自分と顔が似ている」と思う人を探し出し、ペアになってゴールに戻り、NECの技術でふたりの顔を認証する。すると、高速スキャンで「100点満点中何点似ているか」という結果が、瞬時に表示されます。ふたりの顔の一致率がもっとも高いペアが優勝です。

このスポーツは、最終的には顔認証技術による測定が勝敗を決めます。つまり、

企業の持つ技術そのものが圧倒的な「主役」となるんです。ＮＥＣのテクノロジーがないと、そもそも成り立たないスポーツです。

結果的に、「顔借競争」はＣＭとしてではなく、ニュースとしてテレビの中を流れました。しかもその紹介のされ方は、ほぼかならずと言っていいほど「ＮＥＣの顔認証技術をもとにつくられた〜」「勝敗の鍵をわけるのはＮＥＣの顔認証技術〜」という、企業情報が主体となったものでした。

企業ロゴが最後の３秒だけ出てくるＣＭが、うしろめたかった

こんなＣＭ、見たことがありませんか？

すごく感動的なドラマ仕立てのストーリーが流れてきたと思えば、「企業情報が15秒

中最後の3秒だけ出てくる」みたいなもの。あれが僕は、昔から苦手でした。

なぜかというと……どこの会社のCMか、覚えていないからです。これ、広告会社の人に話すと、「え、本当?」「僕は企業名も含めて印象に残ったけどな」と言われます。なので、僕の認知機能に問題があるのかもしれないんですが、でも、広告の人は広告のプロだから、一般視聴者よりもより注意深くCMを見ているんじゃないかな。

国民的なスポーツイベントのスポンサーCMとなると、だいたい相場が決まっています。「がんばるアスリートたちの姿」+「声援を送る人々」「あるいは同じようにがんばるビジネスマン」、そしてラスト3秒で「エンブレムと企業ロゴ」。

見たこと、ありますよね。

でも、せっかく一流のアスリートたちに出演してもらっているのに、どの企業も似たような当たり障りのない表現になってしまっていると思いませんか。正直僕は、どのCMがどの企業にひもづいているか、まったく把握できません(ごめんなさい)。

それが意味しているのは、「フィクション」をつくることの限界なんじゃないか? と僕は思います。

尺が15秒で、アスリート起用も必須で、社員も登場させる。という制約条件であれば、必然的にクリエイティブの内容は決まってきてしまいます。制約はクリエイターの翼ですが、この制約が他社とかぶればかぶるほど、出てくるアイデアが似通ってしまうのは仕方ありません。

だからこそクリエイターは、新しいフィクションではなく、新しいリアルをつくるべきだと思うんです。それは、ARでもVRでもMRでもない。現実世界の中に、新しいリアル「NR（New Reality）」をつくる。そのほうが、表現の幅も広がっていきます。

事例⑤

BtoBからBtoCへ向かう接点として。テイ・エス テックの「緩急走」

「テイ・エス テック」という企業の郭さんも、「リアル」なアイデアを求めてくださったひとりです。

NECのセミナーで、顔借競争の話も含め講演をしたときのこと。終了後に、郭さんが話しかけてきてくれました。

これまで「テイ・エス テック」は、ホンダのシートを50年以上つくってきた「座るにこだわる」企業であること。これからは「安心・安全」「快適」に加えて、「楽しい」「健康」という軸でイスを進化させたいと思っていること。試しにイスにセンサーを12個仕込んで、座りながらできるスポーツをつくったら盛り上がったということ。この先、どうやってブラッシュアップしたり、打ち出していいかわからないということ。だけど、「なんとしてでも、座るという概念自体を変えていきたいんです！」という本気が伝わってきました。

この人のために、なにか力になりたい。その熱意に圧倒され、僕は「ぜひ一緒にスポーツをつくりましょう！」と言いました。

まずは、女性3人から成る車イスチャレンジユニット「Beyond Girls」に声をかけ、監修として入ってもらいました。モデル活動や講演会、バリアフリーコンサルティングをしながら自身も車イスを使って生活している彼女たちが、いわゆる健常でスポーツ万能な人にも勝てるか？というマイノリティデザインをひとつの開発指標にしたんです。

こうして、「緩急走」は誕生しました。

「テイ・エス テック」のイスの上で動くと、センサーが検出した身体情報に合わせて、画面の中のランナーが走ります。リモコンを手に持って遊ぶ「Wii Sports」のイス版のようなスポーツ。イス自体がゲームのコントローラになる感覚です。参加者は、アスリートならぬ「イスリート」と呼ばれます。

プレイ中は、すごく動かなくちゃいけない「急」エリアと、逆に動いちゃダメな「緩」エリアが交互に訪れ、ランナーはイスの上で激しく動いたかと思えば、次の瞬間まるで瞑想をしているかのようにピタッと止まる。この緩急が、やって

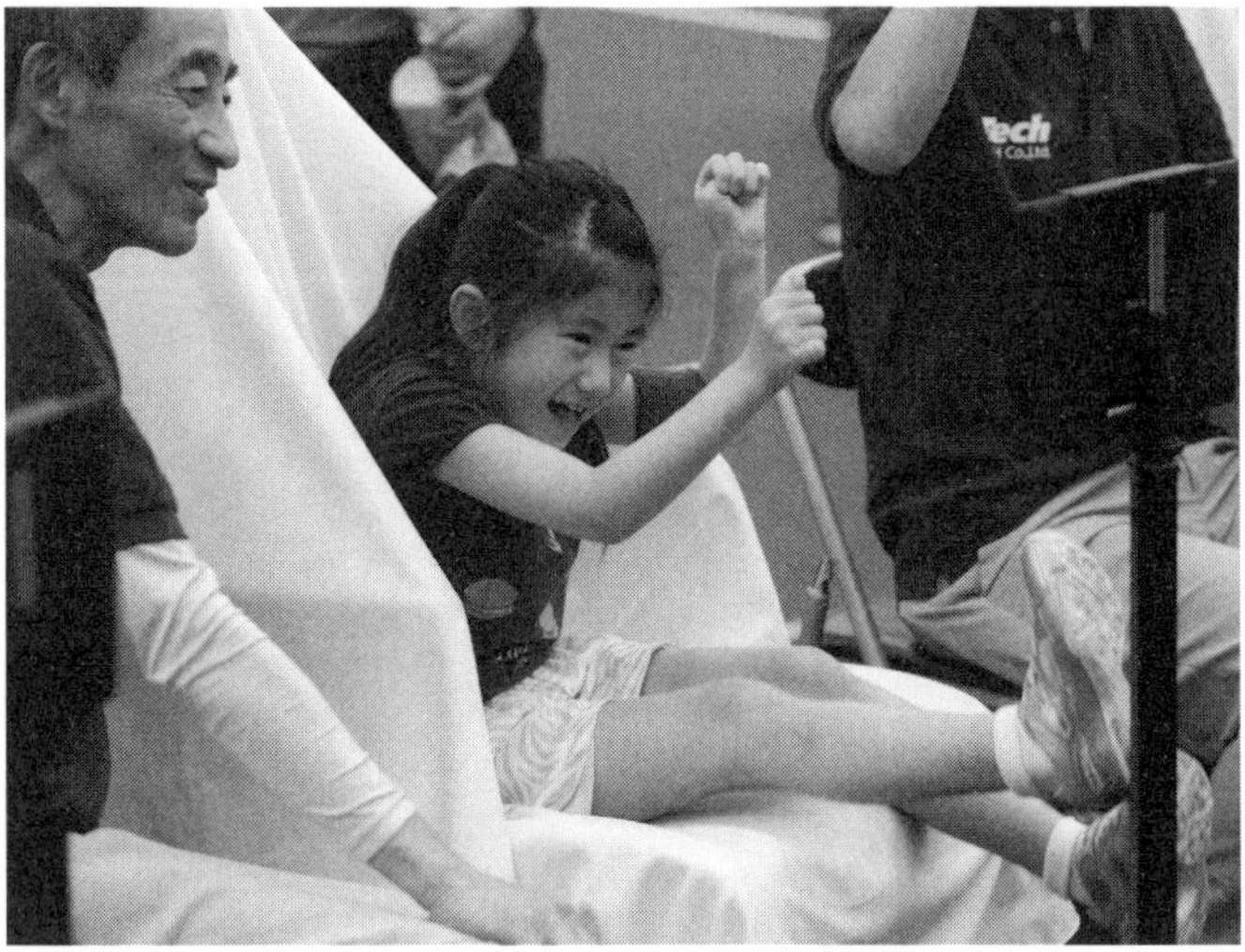

いても見ていてもおもしろい。

このスポーツも顔借競争と同様、企業のテクノロジーがコンテンツのど真ん中にいるスポーツです。競技説明の際も、「テイ・エス テックが開発した特殊なイスを使います」と話します。イベントに出展すると大人気で、社員の方からは「BtoB向けに長年つくってきたイスをBtoCにダイレクトに届けられる喜びがあります」という声をもらいました。

さらに、緩急走に使ったセンシングシステムは「愛されるシート」としてプロダクト化までされ、シートで取得したデータをヘルスケア分野に応用しはじめるなど、「自動車のシートだけをつくる会社」からの脱却を図ろうとしています。

「イスに座って、アスリートならぬ『イスリート』を目指そう」。そんなゆるい思想から、企業の事業に大きな変革が起きはじめたんです。

つくるべき広告はもはや、CMやポスターである必要はない

ゆるスポーツを始めてから、日本には優れた技術が「埋もれている」ことに気づきました。日本人がもっと誇っていい、あるデータがあります。

MIT（マサチューセッツ工科大学）メディアラボのセザー・ヒダルゴ氏が提唱している「経済複雑性指標（ECI）」という指標。これは産業の多様性や稀少性が高いほど指数が高くなるんですが、日本は2000年以降、ずっと「世界ランキング1位」を維持しています。つまり、日本の産業構造は極めて多様化していて、かつ世界に類を見ないほど希少性の高い製品をつくっていると言うんです。

けれどもそういったトップテクノロジーは、一般の人からするととっつきにくいし、なにがどう役に立つのかもわかりません。開発者が「えいや！」とプロダクトアウトでつくって、その先の青写真が真っ白、ということも多々あります。

企業（テクノロジー）と生活者。その接点をつくるときこそリアルの出番です。つくるべきクリエイティブは、もはやCMやポスターである必要はありません。

事例⑥

人はだれもがクリエイター。富山県氷見市の「ハンぎょボール」

ゆるスポーツは企業だけでなく、地方自治体とも多くコラボしています。富山県氷見市とつくった「ハンぎょボール」は、そんなゆるスポーツのひとつです。

寒ブリ（食べたい）の名産地として知られる氷見市からのお題は、「ハンドボールを使って地域をPRしたい」。氷見市は毎年「春の全国中学生ハンドボール選手権大会」を開催するほど、ハンドボールが盛んな地域だそう。

それなら、ゆるスポーツの出番です。

まずは、世界ゆるスポーツ協会の萩原さんがファシリテーターとなって、氷見市のみなさんを集めてワークショップを行いました。ハンドボールをどのようにアレンジしたら、氷見市の魅力を伝えられるか？　その中で話題に上がったのが、氷見市の名産であるブリ。

では、ブリとハンドボールを掛け合わせると、どんなスポーツができるか？　どうやったらガチでハードなハンドボールをブリの力でゆるくできるか？　こうして誕生したのが「ハンぎょボール」です。

基本的なルールはハンドボールに倣いつつ、プレーヤーは「ブリのぬいぐる

み」を小脇に抱えます。そしてゴールを決めると、そのブリが「出世（巨大化）」していきます。

つまり、ゴールを決めるたびに、コズクラ、フクラギ、ガンド、ブリと小脇のブリが大きくなって（いずれも氷見弁でのブリの呼び方）プレーの難易度が上がっていくんですが、そのルールの中で、「あ、出世魚ってこんな名前なんだ」みたいに、ちょっと学べる仕掛けになっています。そして、試合終了時点でより多くの出世魚を抱えていたチームが勝利する。

素晴らしいのは、ゆるスポーツをつくったのが市民のみなさん自身……つまり当事者だということ。今まで広告会社や外部のアドバイザーに任せていた、「新しいものをつくる」という行為を自分たち自身でやった。

要は、「はじめてクリエイターって名乗りました！」ということです。

自治体のPRと言えば、かつては広告会社がつくった「バズ動画」なんかが主流だったと思いますが、果たしてどれほどの効果があったのでしょうか。

また自分の感覚の話で申し訳ないですが、僕はご当地バズ系動画を見て、その地域のものを買ったり、実際に訪れたことはありません。どの自治体がどの動画をつくっていたか、という情報も覚えていません。

だからこそ、自治体のみなさんには「早く広告会社から卒業してください」みたいなことをあえて話します。そのために、コンセプトやコピーのつくり方、広報の仕方から、全部お伝えする。なぜかといえば、当たり前の話ですが、クリエイティビティはすべての人の中にあるからです。

大人になればなるほど、常識を知り、規範を学び、社会を感じるごとに、人はどうしても創造性を失っていきます。でも、正確には「失っている」ではなく心の奥底に「しまっている」だけ。だから、その引き出しを開けるお手伝いを、ゆるスポーツを通じて行っています。

ゆるスポーツをきっかけに、あらゆる人のクリエイティビティを再開花させたい。

だれしも、子どもの頃に公園や校庭で、勝手に遊びを考えた経験が多少なりともある。そのときの感覚を思い出してもらいながら、僕らの「スポーツをつくる手順」に沿って自由にアイデアを考える。今では全国で、企業や自治体だけでなく、ときには小学生を対象にみんなでスポーツを考える場をたくさん設けています。

結論

ゆるスポーツを広告換算してみると、数百億円分の露出になった

ゆるスポーツの新しい競技を発表すると、さまざまなメディアからお声がかかります。特に、日本テレビの「シューイチ」、NHKの「おはよう日本」ではたびたび紹介されています。メディアに取り上げられるということは、「ニュースバリューがある」と認めていただいたということ。社会がそう認めてくれたこと、とも言い換えられます。

その影響力が最もわかりやすいので、すこしお金の話をします。

PR業界ではよく、「広告換算」という指標が用いられています。これは、テレビや新聞などのメディアへ露出した時間や記事量を広告費（お金）に換算したもの。そして、ゆるスポーツの広告換算は、これまでで数百億円規模です。ほぼ毎月のようになにかしら取り上げられています。

数年前、「もう広告をつくらない広告マンになります」と宣言したとき、ほとんどの

人はピンと来ていませんでしたた。「それって、金になるの？」とクギを刺されたことともありまし。

話したことのない大御所クリエイターの方が「澤田は広告から逃げたんだ」と影で言っていたという噂も聞きました。

でも、それを聞いて僕は「あ、イケる！」と思いました。ど真ん中の方が「ピンとこない」と敵視する、蔑視する。そんな辺境にこそ次なる本流の可能性があるからです。

いつしか僕は社の採用ページに「先輩」として取り上げられることになりました。こんなにズレたことをしているのにもかかわらず。

ある年の新卒採用、最終面接のこと。面接官の1人である役員が、「うちの会社の仕事で、好きなものは？」という質問をしたそうです。それ対して、なんと6人〜7人に1人が「ゆるスポーツ」と答えてくれたそうです。

正直、驚きました。広告をつくらないクリエイターが推し進めた「ゆるスポーツ」は、正々堂々、会社も認める仕事となったわけです。ほんの数ミリかもしれませんが、それは、広告会社のあり方をスライドさせることができた証だったのかもしれません。

「市場を刈り取る」なんて、怖い言葉を使っていませんか？

この本を書いている最中、さとなおさんにお会いする機会がありました。2013年、読んで頭をなぐられるほどの衝撃を受けたブログを書かれたご本人です。1時間ほどお話しさせていただく中で、こんなことを言われました。

「たまに『顧客を囲い込む』とか『市場を刈り取る』なんて言葉遣いをする人がいるよね。そういう言葉遣いって嫌だよね。絶対使っちゃいけない言葉だと思うんです」と。

そもそも「ターゲット」は弓矢を射る的のことだし、地道に電話をかけたりビラをまいたりするのを「地上戦」、テレビや新聞などマスメディアを使うことを「空中戦」なんて言う人もいます。

失礼な話だなあ、と僕も思います。相手は、感情を持って生きている人間なのに。なら、出すべきアイデアは、市場を刈り取るためのものなのか。それが本当にすべてなのか。

仕事の規模が大きくなればなるほど、アイデアを届けるべき相手の姿がかすんで見えなくなる。血の通った人間ということがわかりづらくなります。

高層ビルの20階とか30階とか、とにかく高いフロアから街を見下ろしながら、パワポで何十枚、何百枚とプレゼン用のスライドをつくる。昼はだいたい社食かコンビニで、たまに同僚や先輩とちょっと良さげなランチを食べにいく。そこから、会議室にこもって、合間に何百通と届くメールに返信しているうちに日が暮れて。僕自身、そんな働き方をしていた時期もあります。

だからこそ、つくるクリエイティブが芯を食わなかった。

僕の師匠のひとりに、佐藤雅彦さんという方がいます。

もはやみなさんの耳が覚えているくらいだと思うんですが、NHK Eテレの「ピタゴラスイッチ」や「だんご3兄弟」、NEC「バザールでござーる」や湖池屋「スコーン」「ポリンキー」のCMなどをつくった方です。

入社したとき、僕らの代に対して「4人選抜して、1年だけ面倒を見ます」と言ってくださり、弟子として受け入れてくれることになりました。僕はたまたま、その4人に残ることができたんです。

お会いできるのは3週間か1か月に1回程度でしたが、それはもう貴重な時間でした。佐藤さんがマルちゃん（東洋水産）の「ホットヌードル」のCMをつくったときのことを話してくれたことがあります。

アイデアを考えるにあたって、しばらくずっとスーパーのインスタントラーメン売場に張りついて、来られたお客様を観察していたんだそうです。たまに「すみません、ちょっといいですか？」と話しかけて、どんな人がどんな目的で、なにを求めてその商品を選んだのかインタビューしていた。「高校生の子どもが寝る時間までもたないから、夜食に食べるんです」とか「ひとり暮らしで自炊していて、カンタンで美味しいからこれにしています」とか、そんな生きた声を聞いたのだ、と。

同じように、僕はなるべく会社から離れて、外へ出るようにしました。当事者とお茶を飲みながら、ごはんを食べながら、リアルに、なにに困っているのかを知る。体育館やフットサルコートに行き、みんなと対話しながら、身体的に考えました。

「課題不足」って言われるけど、そもそも掘る場所が違うんじゃないですか？

ここ数年、「アイデア開発」ではなく「課題発見」が大事だ、とよく聞きます。でも、「課題を掘る場所が違うんじゃないか？」と思うこともよくあります。

1つは、あまりに課題が大きすぎる場合。

「いったんSDGsに沿って、課題を見つけてみよう！」という場が増えていますが、国連が定めた課題群なだけあり、どうしてもマクロな視点で語られています。そのため、働く1人ひとりが自分ごとにできないことがどうしても多い。

もう1つは、すでにこの本でも述べたように、致命的な課題をもはや抱えていない中間層の中から、課題を掘ろうとしてしまっているケース。

糸井重里さんが西武百貨店の広告に「ほしいものが、ほしいわ。」とコピーを書いたのは、1988年でした。バブル経済成長真っ只中、多くの人は当たり前のように結婚し、子育てをして、「欲しいものを買う」ことに価値を見い出していました。その気持ちを見事にすくい取ったコピーです。

そんな時代と今とを比較してみると、どうなるのか。これが、厚生労働省が発表する「国民生活基礎調査」の結果です。

1988年
・全世帯に占める単独世帯の割合が19・5％、夫婦と未婚の子ども世帯が40％
・所得350〜900万円のいわゆる中間層と言われる世帯の割合は50・9％
2019年
・全世帯に占める単独世帯の割合が28・8％、夫婦と未婚の子ども世帯は28・4％
・所得350〜900万円のいわゆる中間層と言われる世帯の割合は44％

「子育て中のファミリー層」が多数派だった時代は、とうに過ぎてしまいました。「ごく普通の家庭」がかならずしも多数派ではなくなり、世帯はより多様なものとなりました。もう、とっくに中間層に向けたビジネスだけでは限界があると「失われた30年」である平成が教えてくれます。

これこそが、平成最大の学びです（あまりに時間をロスしていますが）。なのに今でも、「大きすぎて見えない相手」あるいは「もうそこにはいない相手」に目掛けて、課題を発見しようとしているように見えます。

マーケティングって「調査」じゃなくて、市場そのものを「つくる」こと

そんなときこそ、マイノリティデザインの出番です。

マーケターの本来的な仕事は、データの分析や調査ではなく、「これまでになかった新しい市場をつくること」。

顕在化されていないマイノリティは、まだまだいるでしょう。カラオケが苦手な「カ

ラオケマイノリティ」、立ち食いそばが苦手な「立ち食いそばマイノリティ」、なぜかSUVが苦手な「SUVマイノリティ」（本当にいるかは未確認）。すると、そこから課題が次々飛び出てきます。それは、通常のマーケティングで実施する調査では、なかなか聴けない話ばかりのはずです。

どんなにメジャーな企業や商品やサービスでも、その影に マイノリティはかならずいます。高層ビルから地上に降り、彼ら彼女ら、あるいは自分自身の中にある「弱さ」と丁寧に対話をしていくと、宝物のようなヒントがザクザク出てきます。

こう言う人もいるでしょう。「でも、マイノリティは言葉通り少人数だから、大した市場規模にならないんじゃないか」って。でも、それは違います。

運動音痴な僕という「ひとり」から生まれたゆるスポーツ。それを楽しんでくれる可能性のある「スポーツ弱者」は数千万人もいたからです。

「流行ってるの？」「違います。流行りとかじゃないんです」

一緒にゆるスポーツをつくった後輩が、いつか話してくれたことがあります。

「ゆるスポーツには義務感がない。なにかの圧力から生まれるアイデアじゃなくて、自分のやりたいことを正しく追っかけられている気がしました」と。

「正直仕事で出すアイデアって、とりあえずアイデアを求められてるみたいなときがあって、あんまり熱が出ないというか。『とりあえず10案考えてきて』って言われたときに、3案目くらいまではすごく熱を持って書けるけど、4案目以降はだんだん熱が下がってきて、ちょっと他人事のものもいくつかあったりして。そしたら逆にそういう案が通っちゃうとめっちゃしんどいし。『しまった』って。嘘ついたまま進んじゃったな、みたいな気分」。

すごく共感する葛藤です。今までよりもシンプルな経路で、自分だからこそ出せるアイデアが、ダイレクトに社会に届く手応えを、僕らはずっと求めていた。

僕がゆるスポーツをつくったのは、34歳の頃でした。

20代のころ、上から次々と降ってくる仕事をこなしていたときは、見えない「だれか」にコピーを書き続けてきました。でも、スポーツの現場に行けば、目の前にその人がいました。

2015年の夏、ハンドソープボールの体験会を小さなフットサルコートで試したとき、40人くらいの方に来てもらいました。それまでつくっていたCMは、多いときで8000万人にリーチしていました。規模感でいうと何百分の一、何千分の一なんですが、目の前の40人がゲラゲラ幸せそうに笑っていた。まだ小さなお子さんをおんぶした女性や、わざわざ新幹線に乗って遠方から来てくれた男性もいて、僕はジーンと泣きそうになった。「この仕事をしてよかった」と。

同時に、「なぜこの喜びを今まで味わってこなかったんだろう」と思ったのも覚えています。

今30代の広告マンの中で、いちばん輝いているといっても過言ではないコピーライター阿部広太郎くんが、「#企画メシ」という講義に僕を呼んでくれたときのこと。彼は、僕をゲストに選んだ理由をこう話してくれました。

「僕は澤田さんから『世界は一度には変えられない。だから一度ずつ変えていく』という姿勢を学んだ」。

すこし気恥ずかしいですが、当時はまだ若手だった彼に、つまり新しい世代にも届いていることが素直にうれしかった。

ゆるスポーツをつくりはじめて5年が経った今でも、広告業界の人によく聞かれることがあります。

「流行ってるの?」。

第一声に言われます。「違います。流行りとかじゃないんです」と心の中で思いながら、「まあ、おかげさまで」と答えます。

すると次に、「どれくらいの規模なの?」と言われます。

「今10万人くらいです」と答えると、「え? 10万人だけ?」と驚かれます。

でも、そうじゃない。

過去の僕が出してきたアイデアは、「SPEED」「SCALE」「SHORT」でした。

つまり、すばやくアイデアを出し、なるべく多くの人に知ってもらい、短い期間でそ

帽子にセットしたボールを落とさずにトライを決める
「ハットラグビー」

声に合わせてステージが振動する紙相撲
「トントンボイス相撲」

の役割を終えていく。

でも、今は違います。「SLOW」「SMALL」「SUSTAINABLE」なんです。

ゆっくりと、小さく生み出し、じっくり育てていく。だからこそ、持続可能な、長生きするアイデアになる。さて、どちらの「3つのS」がいいでしょうか。

僕はもう、圧倒的に後者なんです。なぜなら、この基準の中でなら、自分のクリエイティビティをフルに発揮できるから。

そして、こうも思います。どんな人にだって、その人にしか持ち得ない経験やスキルがある。仕事における「運命の人」を見つけたとき、その才能は花開いて、だれもがもっともっといい仕事ができる。

じゃあ、どうやってその人を見つけたらいいのか?

次章では、その具体的な方法として「自分宛の企画書」というフレームワークを提案します。

そう、実は、自分の中にいるマイノリティこそが「運命の人」かもしれないんです。

第4章

自分をクライアントにする方法

――企画書を自分宛に書いてみよう

大切な人が思い浮かばないわたしは、どうすればいいんですか？

「僕にとって息子は、仕事における運命の人です」。こんな話をすると、よくこう言われます。

「大切な人が思い浮かばない自分は、どうすればいいんですか？」——。

僕だって20代の頃に「大切な人のために」と言われても、おそらくピンとこなかったでしょう。それならまず、自分を「運命の人」だと仮定してみるのはどうでしょうか。

自分とは、「いちばん身近にいる他者」とも定義できます。鏡では確認できる、でも一度も直接見たことがない、だけど一瞬も動きや考えを見逃したことがない人。そう考えると、自分って不思議で尊い存在です。

自分と向き合うことなんて、就活で自己分析をしたときくらいのもの。でも、その自己分析だって、自分の「強み」ばかりを見て、企業にアピールできることを捻りだす、みたいなことだったはずです。

それだけじゃなくて、強みだけじゃなく、自分の「弱さ」も含め、全自分と向き合ってみてください。

コンプレックスと向き合い、マイノリティ当事者としての自分を発見する。すると、自分の中に「クライアント」が生まれます。僕が、「運動音痴」という弱さと向き合って、「社会から、スポーツ弱者をなくす」というコンセプトを見つけられたように。

「この人のためになんとかしてあげたい」という、もっともらしい感情じゃなくてもいいんです。「こんなはずじゃなかった」という後悔をスイッチにしていいし、「もっとラクしたい」みたいな動機だって立派です。

ルーティンの中にいると、その世界が絶対的になります。だからこそ、その村を出る。あるいは、自分との対話時間を増やす。それはもう、強引に、人工的に。そうでもしないと、人はだれでも回遊魚のように泳ぎっぱなしになってしまう。

ひとつ、そのルーティンから抜け出す有効な手段があります。それが、自分で自分に企画書を書くことです。

矢印を「外へ遠くへ」ではなく「内へ近くへ」

一歩、業界の外に出たことで、はっきりとわかったことがあります。

広告とは「肯定」と「発見」と「発信」である、と。

僕ら広告クリエイターの仕事は、クライアントや商品・サービスをまず肯定する目線を持つところから始まります。あらゆる角度や距離感で観察し、魅力を発見し、そして発信する。「広く告げる」とは、あくまで広告作業の一部でしかない。

でも、この「肯定」と「発見」と「発信」、自分のためにやったことはありますか？大切な人にやったことは？　せっかくなので、やってみませんか？

通常の広告作業は、いわばその矢印を、なるべく外へ、遠くへ放っていくようなものです。その矢印をクルッと反対にし、なるべく内側へ、近くに、自分に向けてみましょう。そうすることで僕の働き方は、いや生き方は、ガラッと変わりました。

大事件に遭う代わりに「自分 御中」の企画書を書いてみる

はじめからこのやり方があったわけじゃありません。むしろ5年ぐらいかけて、やっと今の手法にたどり着いたんですが、迷ったときにいつも見返すこの企画書は、実際に僕の人生に効いています。

自分のことを静かに見つめる機会なんて、大事件や大事故に遭わないかぎり、自然に生きていてもありません。だからこそ、実際に手を動かして、時間をかけて、企画書をつくるという「不自然」なことをやる意味があります。

では、始めます。

まずは、スライドの表紙、左上に「自分 御中」と書いてみましょう。

いったいなにをやってるんだという気持ちになりますよね。ちょっと気恥ずかしいような、くすぐったいような。でも、この、自分のための企画書を作成する時間を確保することから、新しい働き方が始まります。

タイトルは、今あなたが「どう働きたいか」「どう生きたいか」に関連するものをつけてください。僕はストレートに、「澤田智洋がよりクリエイティブに働くためのご提案資料」としました。

企画書に「はじめに」は書く派ですか？ 僕は、本のまえがきのような感覚で書くようにしています。どんな思いで、どんな狙いで、この企画書を、企画をしたためてきたのかを1枚で。なので、自分にも「はじめに」を書いてみました。

今一度、立ち止まろうと思う。なんのために働くか？ 自分とはだれか？ 自分と対話してみることにした。

自分 御中

澤田智洋が
よりクリエイティブに
働くためのご提案資料

企画書製作者：澤田智洋

時間は限られていて、人生はあっという間に終わる。「忙しい」を言い訳にせず、ちゃんと自分のために時間をつくる。この企画書は、働くにあたっての、羅針盤となるはずだから。

分析①

自分の感情を知る——あなたの「マイ・ベスト・喜怒哀楽」は？

まず、過去から今の自分を知り、そこから未来の働き方をつくります。

自分を知る一歩目として、「自分の感情を知る」ことから始める。自分に「なにができる・できない」「したい・したくない」という話の前に、自分は今までの人生で、「なにに対してどう感じてきたのか」を振り返ってみるんです。

で、どうやって自分の感情を振り返るか。おすすめしたいのが、「マイ・ベスト・喜怒哀楽」を整理することです。

つまり、自分の人生で、いちばん喜んだこと、怒ったこと、哀しかったこと、楽しかったことを、可視化してみる。僕は社会人になる直前にはじめて整理してみて、その後人生に変化が起こるたびに、表を更新しつづけています。

たとえば僕の場合、30歳まではこんな感じでした。

喜：　8000万人が観たCMをつくったこと
怒：　フランスで転校の選択を間違ってしまったこと
哀：　その結果、学校で孤独になって、1年に二言しかしゃべらなかったこと
楽：　チームみんなでCMづくりに邁進したこと

けれども息子が生まれ、仕事内容が変わってからは、「マイ・ベスト・喜怒哀楽」は一気にアップデートされました。

喜：　息子が二度の手術を無事に終え、家族みんなで買い物に行ったこと

怒：　息子の目を見えなくした神様を恨んだこと
哀：　息子に障害があると発覚したこと
楽：　ゆるスポーツ発のイベント「ゆるスポーツランド」を開催したこと

興味深かったのは、「怒」や「哀」というネガティブな感情が変化すると「喜」や「楽」というポジティブな感情もつられて変化する、ということでした。

人生でいちばんの「楽」は、年に一度の恒例行事「ゆるスポーツランド」を2016年5月に初開催した日になりました。

20競技ほどのゆるスポーツで遊べる遊園地のような空間で、参加者が笑いながらスポーツで遊んでいる光景を見て、僕も心底楽しくなった。このイベントは、息子に障害があるとわかったときの絶望がなければ生まれていません。

そして、「喜」。それは、ほんのなにげない瞬間でした。

入院・手術を2回し、息子がようやく退院したあとのある土曜日。「これでしばらくは入院しなくていいよね」なんて妻と話して、息子を抱っこしながら、スーパーで白菜とキュウリとミートボールなんかを買いました。

僕は、しみじみと幸せを感じました。
あれほど穏やかな気持ちでいられるのは、久々のことだった。その喜びと比べたら、自分のつくった仕事を多くの人に見てもらえたことは重要ではなくなった。「なにがそんなにうれしかったんだろう？」。僕の価値観はすっかり変わってしまいました。

「マイ・ベスト・喜怒哀楽」は、１つひとつの出来事はだれかと被ることもありますが、喜怒哀楽の４つがすべて重なることはありません。４つの因子をかけ合わせることで、あなただけの人生が姿を現します。

「自分らしさがわからない」「自分なん

①感情を知る　　自

【マイ・ベスト・喜怒哀楽】

マイ・ベスト・喜怒哀楽(22歳)

喜：ギャグエッセイ
怒：転校の選択
哀：１年間に二言
楽：200人ライブ

マイ・ベスト・喜怒哀楽(30歳)

喜：CM全国放送
怒：転校の選択
哀：１年間に二言
楽：チームでCM制作

マイ・ベスト・喜怒哀楽(32歳)

喜：自主プレ成功
怒：何故うちの息子が
哀：息子に障害
楽：漫画・音楽の仕事

マイ・ベスト・喜怒哀楽(39歳)

喜：家族で散歩
怒：何故うちの息子が
哀：息子に障害
楽：ゆるスポーツランド

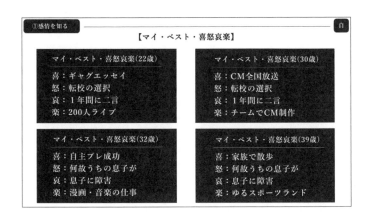

て平凡な人間だ」と思っている人こそ、自分の感情を丸ごと振り返って、喜怒哀楽を可視化してみてください。

専門性を磨いて知識やスキルを身につけるのも、働くうえで大切なことではありますが、それ以上に重要なのは、これまであなたがどういう時間を過ごして、どう感じてきたか。そこに、あなたらしさが宿っています。

味わった怒りには、感情をミックスさせて立ち向かう

自分の楽しかったこと、喜んだことに注目して「この経験をもっと多くの人にしてもらいたい」と考える。あるいは哀しかったこと、怒りを覚えたことに注目して「こんな思いをする人をひとりでも減らしたい」と決意する。その思いのある方向が、あなたが

進むべき先です。

中でも、「怒」という感情は、喜怒哀楽でもっとも強いものです。怒りの言葉が、何千、何万と、いいね！を押されてシェアされていくのをよく見ます。強い怒りは、その課題を共有する人の共感と賛同を得やすい。だからこそ、強い怒りが自分の仕事とオーバーラップしている人は、めちゃくちゃ強い。絶対にこの怒りをほかの人に、自分の大切な人に味わってほしくないからです。

僕自身、先輩から指摘されてハッとしたことがあります。「ゆるスポーツって、パッと見は楽しくておもしろそうだけど、その根幹には澤田の強い怒りがあるよね？」と。「どうして息子に障害があるんだ」「どうして僕がスポーツから排除されなくちゃいけないんだ」。その怒りと憤りから、ゆるスポーツは生まれました。

でも、ここで大事なのは、自分の感情をすべて「いい未来」のために役立てること。僕自身、怒りは原動力になっていますが、だからと言って怒りに任せて活動しているわけではありません。今後も、障害のある子どもたちは生まれてきます。そのとき、お父さんとお母さんが僕の活動を知っていて、「障害があってもきっと大丈夫」「楽しいことも待っている」と思ってくれる。たとえばそんな未来をつくりたいから、やっています。

分析②

自分の役割を知る——「貢献ポートフォリオ」をつくろう

自分の感情を理解できたら、次に見つめるのは自分の役割。

生きるとは、特に働くことは、だれかに貢献することにほかなりません。でも、なんとなく、なあなあで、流れるままに働いていると、「結局のところだれのために働いているんだっけ?」と現在地を見失うことになります。だからこそ、まずは今の自分が、だれに貢献して、どのくらい時間と労力を費やしているのか、その割合を可視化することが大切です。

それが、「貢献ポートフォリオ」です。たとえば、僕の場合はこうです。

- 会社に入社したばかりの頃

「会社＝100%」

新人の頃は、きっと多くのビジネスマンと同じく、週末も深夜も休まず働きつづけていました。つまり「会社貢献」ばっかりだったんです。プライベートを充実させる余裕は、ほとんどありませんでした。

・入社3年目の頃
「会社：自分＝50％：50％」

余裕ができはじめた頃には、読書にふけったり、仲間と集ったり、自分のための時間も増えていきました。つまり「自分貢献」の割合が増して、会社貢献と半々になりました。

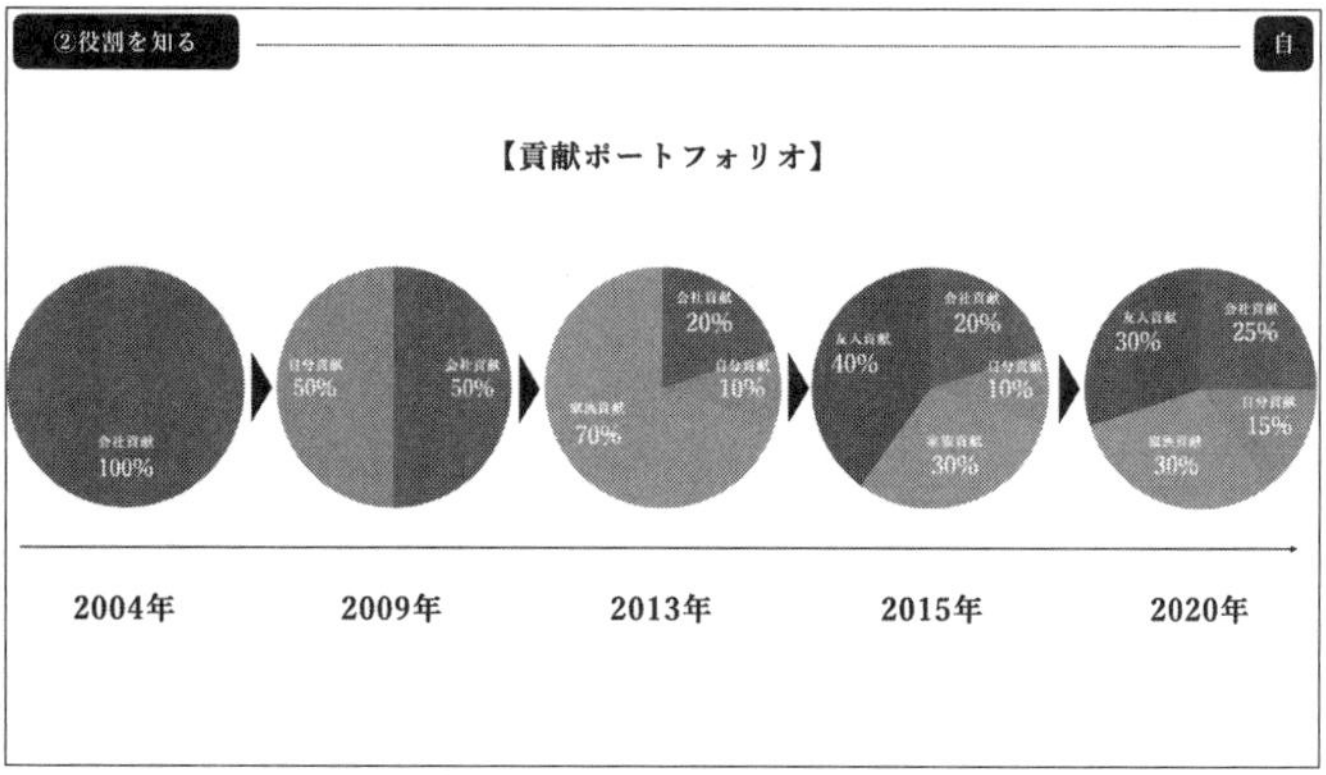

・　息子の障害がわかった頃
「会社：家族：自分＝20％：70％：10％」

息子が生まれて、一気に会社の割合を20％まで減らし、家族の割合を70％まで上げました。それくらい家庭の比率を上げなければ、生活が成り立ちませんでした。

そこからさまざまなプロジェクトに関わるようになって、障害のある友人たちへの貢献度の割合が高くなり、今では会社と家庭と友人と自分の貢献度のバランスが、うまく取れるようになってきました。僕の場合は、貢献している他者が多様でバランスが取れていればいるほど、健全に働けている実感があります。

・　現在
「会社：自分：家族：友人＝25％：15％：30％：30％」

器用すぎる人ほど、「自分貢献」という項目も加えよう

優秀な人ほど、はたから見ていて思うことがあります。「限りある時間を他人のために使いすぎている」「もうそれ以上、他人からの期待に応えなくてもいいんじゃない？」と。それ以上やると、いつまでも自分が後回しになってしまう。

自分の手を動かして、なんだってできてしまう人ほど、次々仕事が降ってきます。「この案件やっといて」「今これ担当できる？」。もちろん出されたお題を完璧に解いて、見事に返す美学もあります。オーダーに１００％の力で応えてこそ、プロです。

でも、そればっかりで自分のことを考慮しない、ふわっとした「だれか」に尽くすばかりが人生ではありません。

自分の才能を、もっと具体的に自分自身のために使ってかまわないんです。

分析③

自分の得意技を知る——仮にあなたがスーパーマンだったら

さて、自分の「感情」と「役割」を知ることができたら、いよいよ自分の「得意技」を見つめていきます。と言うと、「いやいやわたしにはそんなものありません」と言う方がかならずいます。

でも大丈夫。一度、仮に自分をスーパーマンだと見立ててください（バットマンでもアクアマンでもワンダーウーマンでも、好きなヒーローでいいんですが）。とにかく自分を、凡人ではなく超人だと思い込む。

僕が仮に「澤田マン」だとしたら、澤田マンの得意技ってなんだろう？　と考えてみる。普段の、普通の自分ではなく、あくまで「だれかを救うときに発揮される自分のスーパーマン性」に想いを馳せます。

と同時に、最低でも「8つ」探してください。この数が大事です。途中でかならずネタが切れます。絞り出すしかありません。すると、「別に自分では大したことないと思ってるけど……」と思い込んでいる自分の特性をテーブルに乗せざるを得ません。

勝負はそこからです。

自分の会社で「当たり前の力」は、他業種で「感謝される力」

以前、通信会社に10年以上勤めている友人が言っていました。「ずっと通信一筋で、果たして自分の中でなにが積み上がっているか、わからなかったんだよね。でも、他業種の人から5Gの質問をされて、自分としては当たり前のことを伝えたらすごく感謝されたんだよ」。

そう、これが大事なポイントです。

「自分では当たり前だと思っている自分の力」は、他業種にスライドさせたときに「感謝される力」になるんです。

8つも得意技を書くとなると、「別に通信に詳しいなんて大したことないと思ってるけど……」も、リストに入れざるを得ない。そして、ほかの7つの得意技も含めて、客観的に総合的に見たときに、どう映るか。

僕が得意技に入れた「キャッチコピーが書ける」「企画が好き」。これ、広告のクリエイターからすると当たり前すぎます。超普通。

でも、この力が広告業界の外では感謝されることは福祉の仕事で実感しました

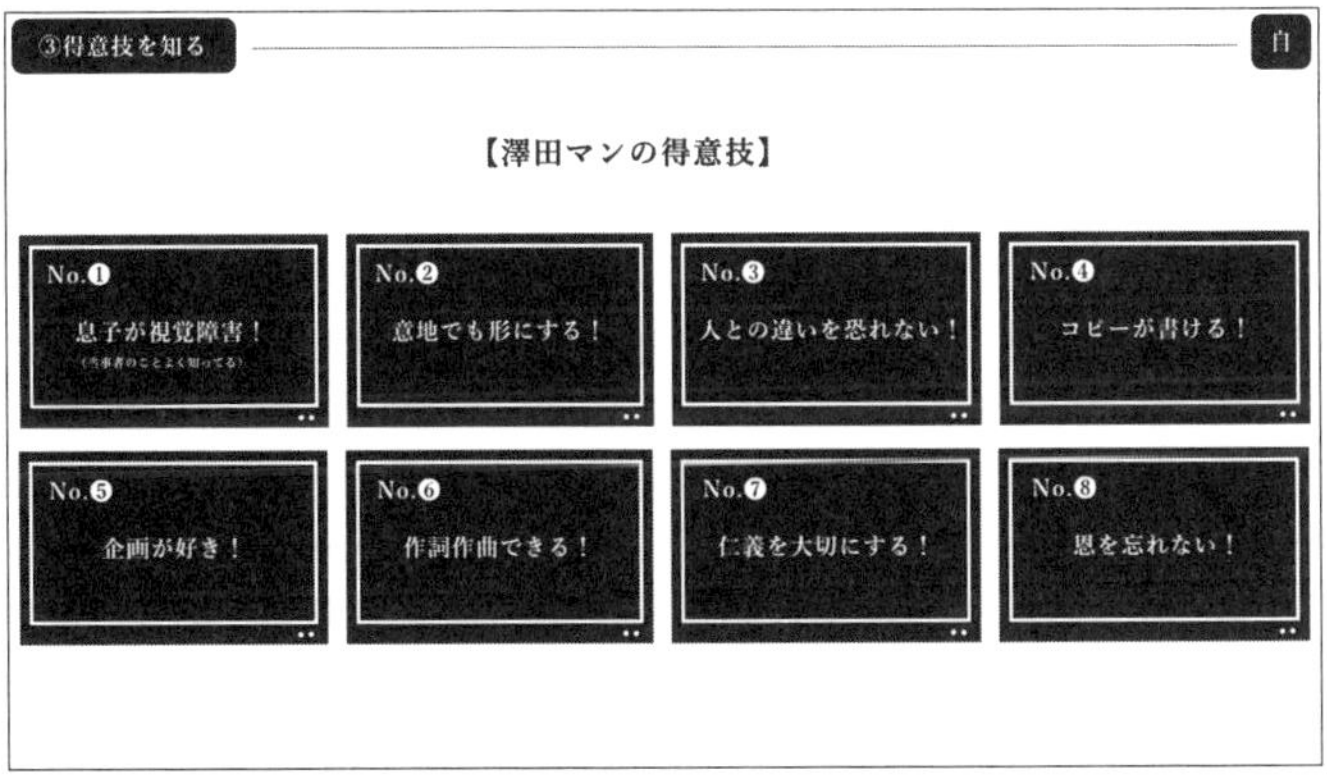
③得意技を知る
自
【澤田マンの得意技】
No.❶
息子が視覚障害！
（当事者のことよく知ってる）
No.❷
意地でも形にする！
No.❸
人との違いを恐れない！
No.❹
コピーが書ける！
No.❺
企画が好き！
No.❻
作詞作曲できる！
No.❼
仁義を大切にする！
No.❽
恩を忘れない！

し、また、こうしてスライドにまとめると、自分の力がいつもより輝いて見えます。

つまり3つ目の分析は、自分が持つ力を、「今までにないぐらい祝福するためのパート」とも言えます。

分析④

自分の苦手を知る——生まれ変わったときになくなっていてほしいものは？

さて、自分を知るための最後のスライドは「苦手」です。

このパートでは、普段自分がフタをしている、苦手意識を持っているモノや、嫌だなと思っている慣例・慣習、納得がいかない常識などを直視してみます。もっと言うと次、仮に自分が人間に生まれ変わったら、絶対に世界からなくなっていてほしい3つをピックアップする。100個ぐらいリストアップしてもいいんですが、ここではあえて3つに絞ります。

それから、自分が苦手なモノの金・銀・銅メダルを決めていく。順位づけをすると、それぞれを比較するときに自然と、なぜ苦手かを言語化することができるからです。

僕の中で、子どもの頃からダントツ苦手なのは「スポーツ」です。大人になってからも、仕事ができる体育会系の人に理不尽な要求をされたとか、スポーツ業界の偉い人と会ったときに偉そうだった

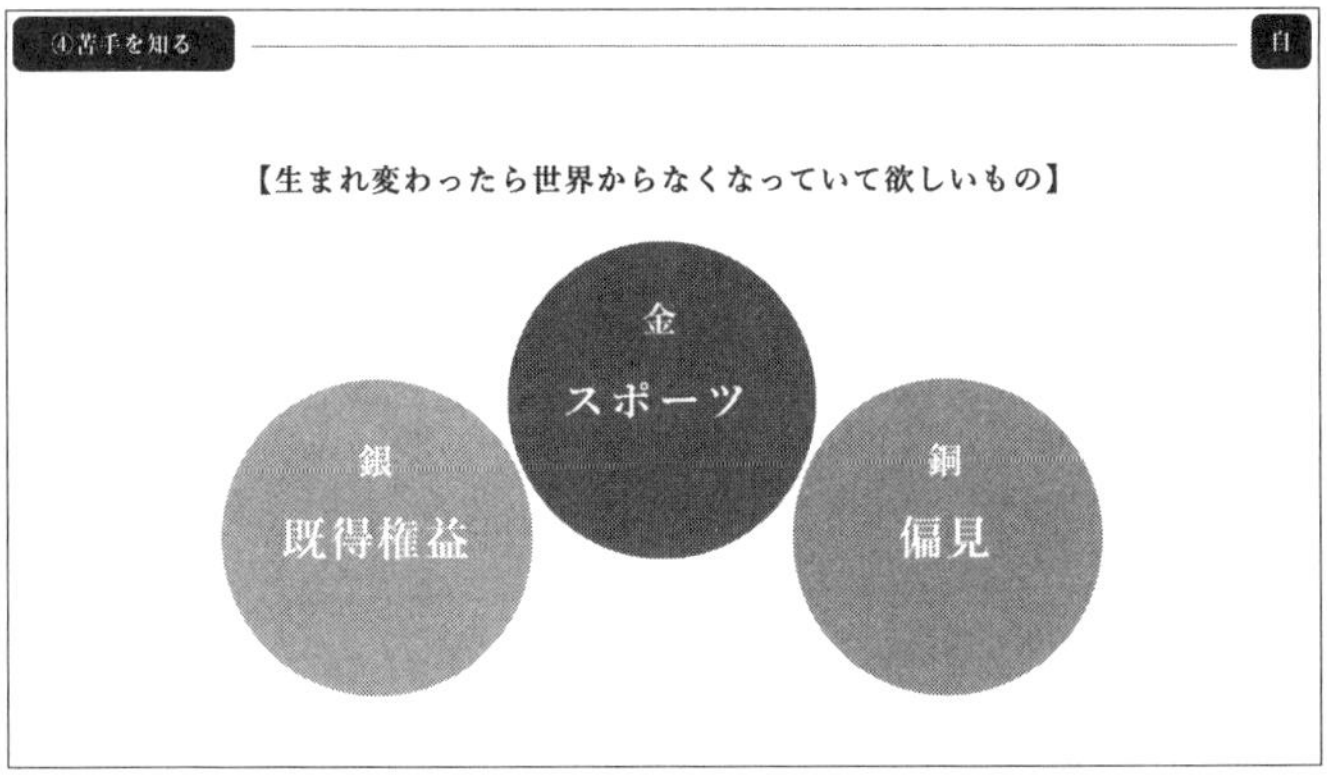

とか（偉いから仕方ないけど）、とにかくスポーツにはいい印象がないので圧倒的金メダルです。

でも、銀メダル以下を考えるときはけっこう悩みました。「立食パーティー」もイヤだし、正直「蚊」もイヤだ。イヤな「モノ」はいっぱいあるんですが、それよりもっとイヤだったのは、「既得権益」や「偏見」だったんです。

なぜなら、立食パーティーは行かなければいいし（自己回避可能）、蚊は虫除けスプレーをつければいい（技術革新による解決）、いずれにせよ人生から遠ざける手段があるわけです。

でも既得権益や偏見は避けようと思ってもどうしてもこの社会に根づいているし、明らかに改善の余地がある「苦手」です。

高い地位にあぐらをかいて人の気持ちを理解できない人、福祉の仕事をしながら何度もそういう人に行く手をはばまれてきました。だから、「既得権益をなくしたい」思いもあるんですが、なにより「いかに自分が既得権益にならないか」を考えています。

「偏見」もしかりです。フェイクニュース、全体の一部を切り取られたコンテンツ、偏った報道……情報にアクセスしやすくなった時代になったものの、偏見はむしろ増えているかもしれない。偏見（誤解も含め）はケンカ、いがみあい、戦争の源です。

そして、その偏見は自分の中にも知らず知らずのうちに確実にあります。そんな自分もイヤです。だからこそ、ほかの苦手と比較しながら、僕は「既得権益」と「偏見」をトップ3に入れることにしました。

これで自己分析は完了です。

「自分なんて普通」「なにもない」と思っていても、やっぱり人生には圧倒的な情報量とオリジナリティが詰まっています。

自分に企画書をしたためるとは、自分という冷蔵庫を開けて、どんな材料があるかを丁寧に見つめることでもあります。

あとはどう料理して「新しい働き方」をつくるか、です。

実践①

人生のコンセプトをつくる——働く理由を「スタート地点」に置く

ここからの調理法は無限にあります（料理の可能性が無限にあるように）。「マイ・ベスト・喜怒哀楽」から入って、過去の自分のどの感情を拠り所にするか考えてもよし。「貢献ポートフォリオ」を見ながら、「あれ、実は家族貢献が少ないな」とか「年々、会社貢献比率が上がりすぎているな」とか、改めてだれのために働くのかを定義をしてもいい。はたまた、倒したい「苦手」を定めて、自分のどの「得意技」をぶつけるかを想像してもいい。自分というクライアントのクリエイティブディレクターとして、提案をしていきましょう。

ある学生の子は、潔癖症な部分が、自分の「苦手」だと気づいたと言います。外から持って帰ったものをベッドに置けない、何度も手を洗ってしまう。「来世は潔癖症じゃないといいな」と思っていたそうです。でも、マイノリティデザインを知って、

「自分もいつか、この気持ちを持っている人が、どうにか救われるモノやコトをつくりたいなと感じました」と言ってくれました。

僕の場合、起点になったのは、やはり人生でいちばん哀しかった「息子の障害が発覚した」ときの感情です。

今なら、あのときの落ち込みは、僕の中に染みついていた「障害があるのは、かわいそうなことなんだ」という偏見によるものが大きいことがわかります。

その偏見を取り除くために、僕は自分の得意な言葉や企画を使って、息子を含めた障害当事者である友人たちに貢献していこう。そう決めたんです。

そのとき生まれたのが「マイノリティデザイン」というコンセプト。この言葉も、自分への企画書をつくる中で出てきたんです。もう、圧倒的に、自分の中から生まれたコンセプトです。そしてこれは、今まで他者や他社のためにしか提案してこなかった僕が、生まれてはじめて自分にプレゼントしたコンセプトでした。

もっと、仕事で得た力を、みんなが自分の人生と接続できたなら。大切な人のために自分の才能を使えたなら。自分の弱さや苦手なことのために、もっと時間を使えたなら。働き方に、大変革が起きるんです。

⑤コンセプトをつくる　自

【ライフ・コンセプト】

MINORITY DESIGN

マイノリティ起点で世界をよくする。

考えるべきこと　自

過去と今の自分を知り、未来の自分の働き方をつくる。

①感情を知る
②役割を知る
③得意技を知る
④苦手を知る

→

⑤コンセプトをつくる
⑥ディレクションをつくる
⑦トンマナをつくる

実践②

自分をディレクションする——人生に「立ち入り禁止ゾーン」を設定する

スタートラインが決まったら、次にクリエイティブディレクターとしてすべきは、チーム（自分）をディレクションすることです。つまり、「こっちに行こう」という方向性を示すこと。そのとき僕が決めたのは、第2章で書いたこの3つでした。

① 広告で得た力を、広告以外に生かす
② マスではなく、ひとりのために
③ ファストアイデアから、持続可能なアイデアへ

これがディレクション、つまり「なにをやるか」です。
そして、同じぐらい大切なのは「なにをやらないか」というディレクションでした。

「こっちの道は絶対に歩くな」という警告。自分の中に立ち入り禁止ゾーンをつくっておかないと、せっかくいいスタートを切れても、迷子になったり、振り出しに戻ってしまうことがあります。

「なにをやらないか」は、人生のコンセプトに対して、その障害となってしまいそうな「過去にやってしまっていた行動」を振り返れば見えてきます。

僕の場合は、この3つでした。

① 納品思考に陥ること
② ビールの美味しさに惑わされること
③ 代案に頼ること

⑥ディレクションをつくる
自
MINORITY DESIGN
マイノリティ起点で社会をよくする。
やるべきこと
❶広告の力を、広告以外に生かす
❷マスではなく、ひとりのために
❸ファストアイデアから、持続可能なアイデアへ
やるべきではないこと
❶納品思考に陥ること
❷ビールの美味しさに惑わされること
❸代案に頼ること

兎にも角にも、「納品するだけで重労働問題」

クリエイター。でも、実際のところは「苦リエイター」という当て字のほうが似合うのかもしれません。

金曜17時半にメールが届き、「月曜朝イチまででかまいませんので修正してください」と依頼される。プライドだけを頼りに土日を費やし、渾身の3案を提案するも、「A案のコピーをメインにしつつ、B案のデザインをもうちょっとC案に近づけるような感じで……」などと指示を返される。アイデアの複雑骨折のはじまりです。

睡眠時間を削って、カラカラに干からびた脳からアイデアをひねり出している。そんな状況で、この社会に本当に必要なものを生み出すなんて、できるんでしょうか（極限まで追い詰められて力を発揮するタイプの方ももちろんいますが僕は寝たい）。

数か月かけてやっとの思いで納品した広告は、テレビや新聞、ウェブ、車両広告、街頭ディスプレイ……さまざまなメディアに乗って、生活者のもとに届けられます。

でも、すぐまた別の広告制作にとりかかる。納品しては次、納品しては次の繰り返しです。これがなかなかどうしてしんどい。

そもそもアイデアを出すのは重労働です。

打ち合わせまでに渾身のアイデアが出れば奇跡。でも、出ないことがほとんど。結局締め切り前日夜に、コーヒーとレッドブルを交互に飲みながら、頭を抱え、かきむしり、ひぃーひぃー言いながら、深夜のロイヤルホストで企画をするわけです。どんな仕事でも、同じような景色がきっとありますよね。

兎にも角にもまずは事故らないように納品する。なぜなら、「納品」までがめちゃくちゃ重労働だからです。

「世の中に新しい価値をもたらす仕事をしている」ということを忘れさせられてしまう状況が、現場にあった。いや、もしかしたら、広告業界以外でも、みなさんが働く多くの現場に「忘れさられたゴール」というものがあるのではないでしょうか。

だからこそ僕は、もうやめようと思いました。

「納品した、やった！」という思考ではなく、「いい仕事ができて社会がちょっとだけ動いた、やった！」に完全シフトできる仕事だけをしようと決めたんです。

厄介すぎる「仕事後のビールうますぎ問題」

なにをやらないか、の2つ目。「ビールの美味しさに惑わされること」。

たとえ自分のアイデアがぐちゃぐちゃにかき回されて、つぎはぎらだけのボロボロになったとしても、納品まで持っていけると、「終わったぞ！」という充実感と達成感と疲労感に全身がつつまれ、その夜、打ち上げで飲む一口目のビールは最高なわけです。

そして酩酊しながら、先輩たちと「なにはともあれよかった！」と声を掛け合い、気持ちよくなって、寝て、翌日になったら「よし、また今日からがんばるぞ！」と、新たないばらの道を歩きはじめる。

もちろん、節目節目で「おつかれさま」とねぎらうのは、人生に必要なことです。そうしなければ、モチベーションを保つことなんてできないから。

納品するまでにフルマラソンを10回走るくらいの労力を費やしているわけですから、「ちょっとここで、一度乾杯しておこう！」と水分補給しなければ、仕事を続けられないのは当然のこと。

だけど、僕は自分に企画書を書く中で気づいてしまいました。

「たとえ自分がつくったものに満足しきっていなくても、その夜飲むビールが美味しかったら、『いい仕事したな』って錯覚してしまうんじゃないか」。

だからこそ、ビールの美味しさに惑わされない、と決めました。ストイックに聞こえるかもしれませんが、「美味しいビール」を味わうのは、ちゃんといい仕事をしたときのほうが、幸福だろうと思うんです。

なんのための代案か？「採用されるのは、結局1案問題」

なにをやらないかの最後の1つは、「代案に頼ること」にしました。

広告クリエイターは提案の際、本命案に加えて、ほぼかならず代案を持っていきます。

なぜなら、「複数案ないと失礼」「相手に選んでいただくということが重要」という風潮が根強いからです。

代案を出すことがホスピタリティにつながっているならまだしも、「結局、どれがいいかわからないから、いったん複数案出します」という姿勢ならば、これは改善の余地があります。

というかこれ、やっぱり20代の頃の僕です。経験が豊富ではなかった自分は、大量のコピーを書いて、そのまま大量にプレゼンしてしまっていました。でも、結局採用されるのは、その中で1本のコピー、1つの企画です。

自分でも、「絶対これが選ばれるべきだ」というコピーで挑んでいないんですね。自信がなかったから、代案を提示していた。だから、やめようと改めて思いました。

もちろんプレゼンの仕方として、「ここに到るまでにこういうアイデアが出て、こういう考え方もあって」というプロセスの共有として、多数のアイデアたちを添えるのはありです。本命案との比較対象としての代案を提示するのもいい。ただし、最後には「……と、いろいろ考えてきたんですが、このアイデアがおすすめです」と、きちんと言う。

自分がこれしかないと思うアイデアを堂々と提案しようと思いました。

仕上げ

トンマナをつくる——働き方のキャラや雰囲気を考える

では、いよいよ自分企画書の最後のパートです。「トンマナ」は広告や映像業界の専門用語なんですが、「トーン&マナー」の略です。たとえばCMをつくるとき、企画や演出も大事ですが、監督とトンマナについても話し合います。

一言で言ってしまうと「雰囲気」のことです。

カラッと明るい雰囲気にするか、バキバキに派手な雰囲気にするか、毒々しくてビビッドな雰囲気にするか。トンマナが決まれば、タレントさんのセリフの喋り方、音楽の選び方、映像の色味などの方向性が自ずと決まっていきます。「キャラ」みたいなものですね。そして、こ

MINORITY DESIGN

マイノリティ起点で社会をよくする。

やるべきこと	やるべきではないこと
❶広告の力を、広告以外に生かす	❶納品思考に陥ること
❷マスではなく、ひとりのために	❷ビールの美味しさに惑わされること
❸ファストアイデアから、持続可能なアイデアへ	❸代案に頼ること

ユーモラス＋チャーミング

のトンマナが、広告表現における印象を大きく左右します。なので、自分の働き方をつくるときにも、この「トンマナ」は外せないなと思いました。

そこで僕は、「ユーモラス＋チャーミング」を設定したんです。

マジメな話はマジメに伝えたほうがいいかというと、そんなことはありません。ほどよいユーモアと、とっつきやすいチャーミングさがあったほうが耳を傾けてもらえることがあります。テーマが難しくて、重くて、自分ごとじゃないときこそ、このやり方が必要だと、僕は広告の経験で知っています。

「ユーモア」は、張り詰めた空気にヒビを入れる

「笑い」には大きな力があります。

一説によると、笑いの語源は「割る」とも言われています。
たとえば、どんよりした会議でも、ユーモアのタネをひとつ放りこめば、みんなが笑うことで張り詰めた空気にヒビが入ります。笑い声をつくることは、硬直した状態を割って、新しい局面をもたらすことです。それは、ガハハやワハハでも、クスやウフフでも、ニヤッでもいい。

僕は、僕が働いてつくったもので、涙を誘いたくはない。特にマイノリティがテーマなだけにそれはやりたくない。拳をあげて、怒ることもしたくない。なるべくユーモラスに、チャーミングに進めていきたい。なぜなら、怒りは共感を集めるけど、楽しいは興味を引くから。

だから、ゆるスポーツは福祉への理解を広めるものでもありますが、のっけからそういうことを謳ってはいません。ただただおもしろくて、みんながゲラゲラ笑えるもの。「楽しい！」が先に来て、「実はね……」とタネ明かしをしたほうが、より多くの人が興味を持ってくれます。

ということで、ついに「自分 御中」の企画書が完成しました。

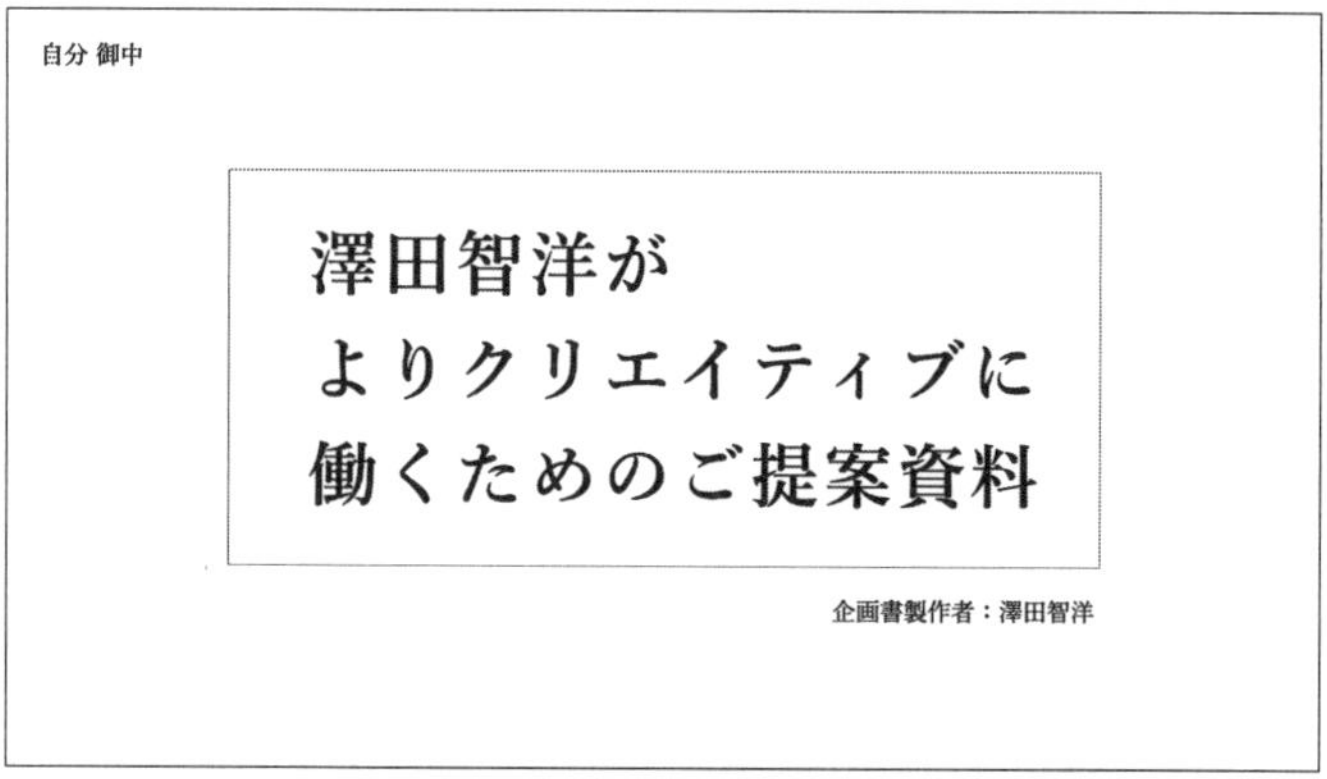
自分 御中
澤田智洋が
よりクリエイティブに
働くためのご提案資料
企画書製作者：澤田智洋

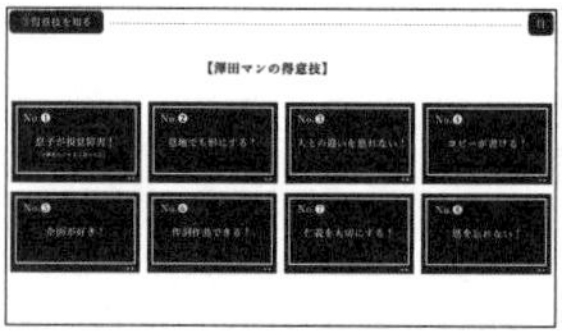
【澤田マンの得意技】

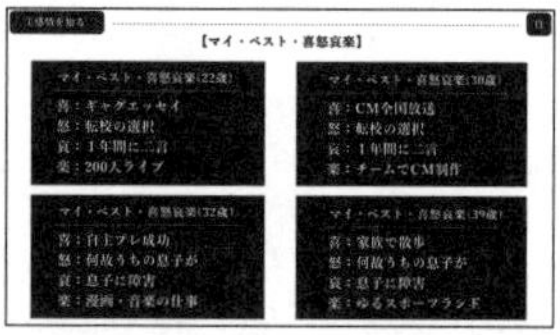
【マイ・ベスト・喜怒哀楽】
マイ・ベスト・喜怒哀楽（22歳）
喜：ギャグエッセイ
怒：転校の選択
哀：1年間に二言
楽：200人ライブ
マイ・ベスト・喜怒哀楽（30歳）
喜：CM全国放送
怒：転校の選択
哀：1年間に二言
楽：チームでCM制作
マイ・ベスト・喜怒哀楽（32歳）
喜：自主プレ成功
怒：何故うちの息子が
哀：息子に障害
楽：漫画・音楽の仕事
マイ・ベスト・喜怒哀楽（39歳）
喜：家族で散歩
怒：何故うちの息子が
哀：息子に障害
楽：ゆるスポーツランド

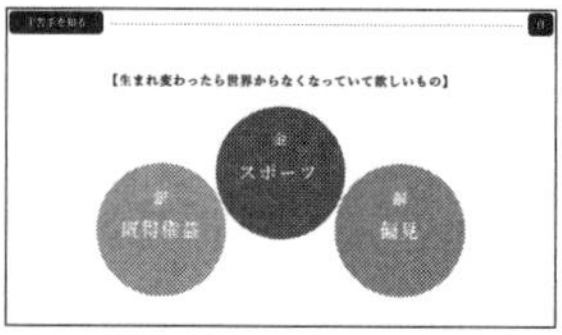
【生まれ変わったら世界からなくなっていて欲しいもの】
スポーツ
偏見

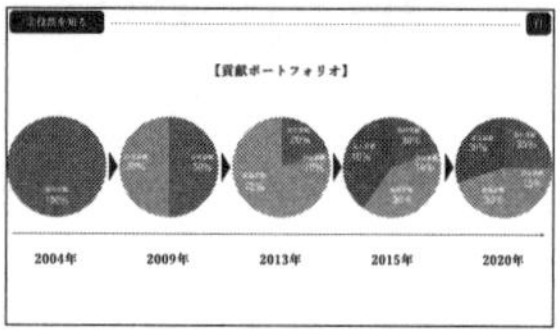
【貢献ポートフォリオ】
2004年
2009年
2013年
2015年
2020年

⑦トンマナをつくる
自
MINORITY DESIGN
マイノリティ起点で世界をよくする。
やるべきこと
❶広告の力を、広告以外に生かす
❷マスではなく、ひとりのために
❸ファストアイデアから、持続可能なアイデアへ
やるべきではないこと
❶納品思考に陥ること
❷ビールの美味しさに惑わされること
❸代案主義に走ること
ユーモラス＋チャーミング

もっと自分が居心地のいい世界をつくるために働けばいい

この章で説明したことはすべて、もう一度、自分の働き方を、生き方を、「自分の手に取り戻す」ということです。

自分って何者だろう？　というカードを、1枚1枚すべてテーブルの上に並べてみる。

もちろん、「楽しい」「うれしい」「得意技」を組み合わせてみるのもよし。でも、試しに「怒り」「苦手」を合わせてみると、あなただけのマイノリティデザインが始まります。大切な人の強みや弱みも知っていると、それもまだ手持ちの新しいカードとして加わり、新しい働き方が発明されていきます。

まとめながら思ったのは、自分企画書を書くとは、自分の「素」を知ることでした。

自分にとって、家族にとって、大切な人にとって居心地のいい環境はなんだろう？

そう自問自答することは、「好きか嫌いか」でも「儲かるかそうでないか」でもない、もっとも大切な行動指針になります。

みなさんも、ぜひ自分企画書を書いてみてください。自分と向き合うための、大事な筋肉がつきますよ。

第5章

マイノリティデザインのつくり方

——秒単位の「暇つぶし」ではなく、長生きする「生態系」を

持続可能なアイデアのつくり方をだれも教えてくれなかった

この本の最後に、マイノリティデザインを形にするための「アイデアのつくり方」について話したいと思います。その中でも特に、「長生きする」「持続可能な」アイデアの発想法について、なるべく具体的に。

アイデアのつくり方には、いくつかの方法があります。

たとえば、1940年に出版されたジェームズ・W・ヤングの名著『アイデアのつくり方』には、「アイデアとは既存の要素の新しい組み合わせである」ということが書いてあります。とてもわかりやすくて普遍的なので、100年近くこのやり方がクリエイターの中では定説となってきました。

けれども、これはあくまでアイデアの「着想法」です。僕が知りたかったのは、どうやったら「長く」愛され、「必要」とされるアイデアをつくることができるか、でした。

なぜならマイノリティデザインという「弱さから始まる革新」は、一朝一夕には完成しないからです。

アイデアを出す（着想）だけではなく、そのアイデアにいろいろな人を巻き込み（着火）、アイデアを形にし（着地）、そしてアイデアを育てつづける（着々）。この4つの「着」が伴うような、つくり方を探しました。

自問自答しながら、自分なりに考えた長生きするアイデアの考え方、すなわち「マイノリティデザインのつくり方」をお伝えします。

秒単位の「暇つぶし」ではなく、成長していく「生態系」そのものをつくる

今や、コンテンツをつくるのはプロのクリエイターだけではありません。だれもがイ

ンスタグラマー、ユーチューバー、ティックトッカーになれる時代。世界中のあらゆる人がコンテンツをつくっています。

「世界総クリエイター」の時代です。そんな中で、僕ら旧来からのクリエイターの役割とはなにか。いったいなにをつくればいいのか。

僕が提案したいのは、秒単位で消費されてしまうコンテンツだけではなく、成長していく「生態系」そのものをつくることです。

生態系、エコシステム、ビオトープ……さまざまな言葉と定義がありますが、僕はそれを「新しい世界」だと捉えています。

わかりやすくいうなら、YouTubeという世界の中でもっともクリエイティブなのは、YouTubeという生態系そのものをつくった開発者だ、ということ。

そしてつけ加えたいのは、生態系とは巨大なプラットフォーマーだけがつくれるのではなく、ひとりのクリエイターでも、いやすべての働く人がつくることができるということ。

これまでの常識や当たり前から離れたところに、新しくてユニークな世界をつくる。それが魅力的で必然性のあるものであれば、さまざまな人がまるで新しい世界の市民のように集まってくる。

僕はスポーツ業界に、「ゆるスポーツ」という生態系をつくりました。するとそこに、企業や自治体、メディア、学校、オリンピック選手、障害当事者、エンジニア、アーティストなどさまざまなプレイヤーが集まってきて、どんどん新しいスポーツが生まれました。また、広告業界にどっぷり浸かっていた僕のようなコピーライターやプランナー、クリエイターたちが活躍できる新しい居場所にもなりました。

その生態系があることで、人や企業やテクノロジーが接続していき、まるでひとつの生命体のようにじっくりと成長していく。「流行」とか「現象」じゃなくて、「概念」が形成されていく。じわりと大きくなる新しい「世界観」が、マイノリティデザインの強力な推進力となる。

それが、生態系をつくる、ということです。

つくって終わりではなく、つくって始まるクリエイティブ

一緒に「NIN_NIN」をつくった後輩の高橋くんに、言われたことがあります。「ゆるスポーツって、『いい感じの砂場』ですよね」と。

言い得て妙なのは、そこにあるのはサラサラの砂だけだ、ということです。つまり、すでに完成された遊具やおもちゃはないけど、「自分でもなにかつくれそう」「楽しそうだな」と思える場所だということ。

高橋くんが入社1年目のときに雑談する機会があり、「じゃあ、ゆるスポーツ考えてみない？」と声をかけました。その後、20〜30案くらい持ってきてくれた中に、すごくいいアイデアがありました。

「くつしたまいれ」。

地面に散らばった、バラバラの靴下の中から同じペアのものを選んで、丸めて、カゴ

に入れる競技です。反則は「反ソックス」と言って、柄を間違えると「ノーソックス」、きれいに丸まっていない耳の出たキツネのような靴下は「フォックス」となります。ユーモラスだし、玉入れが苦手でも、神経衰弱が得意な子どもが、ペアを見つけるパートで活躍することだってできる。洗濯のお手伝いとして親子でやれば片づけの練習にもなる、とてもいい競技。

「ゆるスポーツって、だれかを笑わせたり深く考えさせたりするのもアリで、許容範囲が広い。だからアイデアを考えるのが楽しくなったし、企画に取り組むハードルがかなり下がったんです」。

そう言ってくれた高橋くんは今、点字と文字を組み合わせた、目でも指でも読める書体「ブレイルノイエ」という新しいフォントをつくり、渋谷区役所に採用されるなど、発明家としても活躍しています。

僕は「ゆるスポーツ」の第一発見者ではありますが、決してリーダーではないと思っています。というのも、僕自身この生態系がどう転がって、どう成長していくかわからないからです。

僕がやったことといえば、本でたとえるなら、まず「ゆるスポーツ」というタイトルをつけた。そして、序章を書いただけ。

「ゆるスポーツとは、老若男女健障、だれもが楽しめるスポーツです。目指しているのは、スポーツ弱者をなくすこと。この世界から、スポーツが苦手な人が減って、みんなが日常的にスポーツを楽しめる世界があったなら、どんなに素晴らしいことでしょう。そんな世界を一緒につくりませんか？」。

その後、本が第1章、第2章、と続いていくならば、その内容は決まっていない。むしろわからない。だから、「どんなスポーツがあったらおもしろいと思いますか？」「スポーツ嫌いがいない世界って、どんな景色が広がっていると思いますか？」と問いかけながら、多くの人を巻き込んでいくんです。

生態系をつくるときに大事なのは、ほかの人がどんどんと介在できるような「間」をつくっておくこと。するとそこに新しい空間や時間、仲間が生まれていく。

つくって終わりのクリエイティブではなく、つくって始まるクリエイティブこそが、生態系をつくる心得です。

生態系のつくりかたは「ＰＰＰＰ」。ピンチ、フィロソフィー、プラットフォーム、ピクチャー、プロトタイプ

「そんなこと言ったって、生態系なんてどうやってつくるの？」「むずかしそう……」。というわけで、「生態系をつくるフレームワーク」というものをつくりました。これは言い換えるなら、この本のタイトルにもなっている「マイノリティデザイン」のフレームワークでもあります。

あなたがもし、運命の課題を、才能のスライド先を探しているのであれば、ぜひ一度試してみてください。

それが、「ＰＰＰＰ（ピーピーピーピー）」というフレームです。

・ピンチ（Pinch）の発見

まずは「ピンチ」の発見から始めます。それも、教科書的な「少子高齢化」とか「国内市場縮小」とかではなく、もっともっと「個人的」なもの。「マイナー」なものでもいいです。僕の場合、それは「息子が視覚障害者」であり「自分がスポーツ弱者」ということでした。

反対に、どこかで聞いたことのあるような課題なら、すでにほかのだれかがさんざん考えている可能性が高いわけですから、もう自分がやる必要はありません。どんなにミクロでニッチでも、ほぼ手つかずのピンチが見つかれば万々歳です。

それは、「新しいマイノリティ」を可視化することにほかなりません。「数字に弱い」は「数字弱者」だし、「掃除が苦手」は「掃除弱者」。ピンチの発見とは、マイノリティの発明でもあるんです。

・フィロソフィー（Philosophy）の構想

ピンチを発見したら、次は「フィロソフィー」。ピンチを解決するために、プロジェクトメンバーで共有すべき意識や価値観。みんなが心にもっておくべき「合言葉」。ゆるスポーツでいえば、「スポーツ弱者を、世界からなくす。」という言葉がそれにあたります。

「人類を幸せに」みたいな抽象度が高すぎる言葉でもなく、「テクノロジーで社会を豊かに」みたいなだれでも言える言葉でもなく、「自分が積極的に関わりたくなるような、具体的な未来」を言葉にする。そうであればあるほど、「そういう未来があったのか！」「おもしろそう！」「自分もなにか力になりたい」と、多様な仲間が集まってきて、のちに素晴らしい生態系が生まれる可能性が高くなります。

・プラットフォーム（Platform）の構築

その後で、ピンチを解決するための「プラットフォーム」をつくります。

なにか課題を解決しようとする際、僕らは単発のアイデアを考えようとしてしまいがちです。でも、たとえば「ハンドソープボール」というスポーツ1つだけでは、「へー、おもしろいスポーツがあるんだね」で終わっていたでしょう。

瞬発的なアイデアではなく、より長期的かつ広い視野で、あらゆる課題や情報を包み込むことができる器をつくる。「ゆるスポーツ」というプラットフォームがあるから、ベビーバスケットやイモムシラグビーといった多様な競技、そしてさまざまな企業や自治体を連続的に巻き込める。すると、ピンチの数だけ新しい競技が生まれ、どんどん広がっていきます。

また、プラットフォームに最適な名前をつけることも大事です。これはコピーライターの得意領域とも言えますので、後ほど詳しくお伝えします。

・ピクチャー（Picture）を描く

ビジネスマンであれば当たり前の話ではあるんですが、持続可能な計画を練っておきましょう、という話です。緻密な事業計画でなくとも、ラフなメモでいいです。

ゆるスポーツの場合、スポーツをスポーツ発展のためのコンテンツではなく、「あらゆる課題解決のための、汎用性のある道具」として捉えました。

たとえば、スポーツを「薬」と定義すると、医療領域に展開できる。スポーツを「教育アイテム」と定義すると、教育領域にも広げられる。スポーツ業界の国内市場規模は約5兆円ですが、スポーツ領域以外にスポーツの力を使う、という前提で計画を練ることで「これは長期的に取り組めそうだ」という予想を立てていきました。

・プロトタイプ（Prototype）をつくる

そして忘れてはいけない大事なことが、速攻でプロトタイプをつくること。

僕の場合はそれが、「ハンドソープボール」というギャグみたいなスポーツでしたが、「とりあえず1個つくってみる」は、エンジニアリングやデザインの領域では仕事の基本になっています。つくってみないと仮説は検証できないし、描いたピクチャー通りに物事が動くとはかぎりません。だからとにかく手を動かして、まずつくってみるんです。

会社から帰宅して、家の洗面所を占領して、ああでもないこうでもないとハンドソープの配合を変え……そんな一見無意味な時間が、その後のすべてのゆるスポーツのロールモデルとなり、そのまた次の競技の誕生につながっていきました。

まとめると、僕はこんな「ＰＰＰＰ」をつくったんです。

「自分の運動音痴をどうにかしたい」という超個人的なピンチから始まり、「スポーツ弱者を、世界からなくす。」というフィロソフィーを掲げ、「ゆるスポーツ」というプラットフォームをつくり、「スポーツを汎用性ある道具として使おう」というピクチャーを描き、「ハンドソープボール」というプロトタイプをつくった。

企業や個人と話していると、この5つの「P」のどれかが欠けていることで、プロジェクトがうまくいかなかったり、止まってしまっていることが多いことに気づきました。せっかく素晴らしいアイデアや構想を練ったのに、全然形にしない（プロトタイプをつくらない）。せっかく素晴らしいアイデアやプロトタイプがあるのに、単発のアイデアになっていて、プラットフォーム化されていないので次の展開が生じにくい。一見すると最新のテクノロジーを使ったカッコいいアイデアだけど、よく見るとだれのピンチもそこには含まれていない。

なので、この「ＰＰＰＰＰ」フレームは、生態系をつくるときだけでなく、これからの社会に求められる事業構想の際にも役立つフレームだと思います。

気の合う仲間を集めたいときにも、「ＰＰＰＰ」は力になってくれる

今、僕が進めているプロジェクトは、どれも多くの仲間たちによって支えられています。正直、僕がもう介在しなくてもいいのではと思うぐらいに。

実は、仲間を集めるときにも「ＰＰＰＰ」は有効です。なぜなら、人によって刺さる「Ｐ」が違うし、５つの「Ｐ」のどれかには心を動かされる可能性が高くなるから。

ゆるスポーツの場合、まず、僕や息子のスポーツが苦手という「ピンチ」に興味を持つ方が多くいます。なぜなら、運動音痴に立脚したプロジェクトや事業は極めて稀だからです。つまり、「ピンチの希少性」に惹かれる人がいる。

「スポーツ弱者を、世界からなくす」という「フィロソフィー」に共感して入るメンバーもいます。その多くは、自身もスポーツが苦手な人たちで、自分ごととして仲間に加わってくれます。

「ゆるスポーツ」という「プラットフォーム」に興味を持つ方は、純粋に笑えるスポーツというジャンルに興味を持つ方です。「新しい！」「おもしろそう！」だから、とプロジェクトに入ってくれる。イノベーターやアーリーアダプターの方です。

「スポーツを課題解決の道具として使う」という「ピクチャー」に共感するのは、行政や企業、医療関係者や教育機関のみなさんです。たとえば、紙相撲ならぬ「トントンボイス相撲」は、介護老人保健施設と一緒に、喉のリハビリにつながるスポーツとして開発されました。「トントン！」と声を出すと土俵が揺れて、力士が動き出す仕組みなので、必然的に発声しなければいけない。結果的に、喉の筋肉や心肺機能の強化につながります。今までにない形でスポーツを活用することに魅力を感じてくださる方も多いということです。

最後に、純粋に「プロトタイプ」に興味を持ってくれる方がいます。つまり、アウトプット部分です。これは生活者の目線に近い。「ハンドソープボールってなに？」「イモムシラグビーって楽しそう！」と、コンテンツという提示物に興味を持ってくれる方たち。実はこのゾーンがいちばん多いです。この方たちに、ほかの4つの「P」の話をすると、「そんな思いがあったんだ！」とよりいっそう興味が深くなります。

御社だけが抱えている課題って、なんだと思いますか？

ちなみに、企業と一緒にこの「ＰＰＰＰ」を埋めているとき、いちばん悩まれるのが「ピンチ」の発見です。ここが最初にして最大のハードルになっています。テーブルを囲みながら「いやぁ、なかなか目新しい課題が思い浮かばないんですよね……。『強み』とか『できること』じゃダメなんですか？」と聞かれることもよくあります。

そんなとき、僕はサッカーの本田圭佑選手の話をします。本田選手が海外のチームに所属していた頃、ケガに悩んでいた時期にインタビューで残した言葉。

「今このピンチは、世界で自分しか経験していないかもしれない。それこそがチャンスだと思った」。

はじめは彼の強がりにも思えました。けれども、自分しか味わっていない「独自性の高いピンチ」を追い風にできると信じられることこそが、イノベーションの原動力になるんじゃないかと思うんです。

そのピンチの発見に役立つのが「自分企画書」の考え方です。

ピンチは、「怒り」や「悲しみ」のほか「弱み」や「コンプレックス」という言葉に置き換えてもいい。

ピンチや弱さといった「マイノリティ性」は多様だからこそ、そこから生まれるアイデアも独創的なものになります。だから僕はどんどん自分の弱みをさらけ出します。それこそが他者とかぶらない、自分らしさだから。

もっとみんなが自分の中にあるマイノリティ性を発見して、そのピンチを交換し合って、チャンスに変えることができたら。その力が、企業には、僕らにはある。

僕はいつも投げかけています。

「御社だけが抱えている課題ってなんだと思いますか？」。

ピンチの発見から、マイノリティデザインが始まり、そして新たな革新が生まれるんです。

みんなの心で、長生きする言葉を。「高知家」

ピンチの次につまずきやすいのは、「プラットフォーム」にどんな名前をつけるか。これはコピーライティングの領域ですので、できるだけ具体的に参考になるよう、ひとつ事例を紹介します。

ゆるスポーツをつくりはじめる、ほんのすこし前、僕が真っ当なコピーライターとして担当した最後の仕事に、「高知家（こうちけ）」があります。

先に紹介した「爺-POP」もこの仕事の一貫だったんですが、「高知家」はまさに、県ぐるみで、73万人（当時）という県民全員のクリエイティビティを引き出そうとしたプロジェクトでした。

２０１３年に着手した、「高知県への移住促進」のための広告企画。そのプロジェクトを仕切っていたのは、安田さんという名物クリエイティブディレクター。彼は高知県出身で、「土佐ペディア」と呼ばれるほど高知情報を完璧にインプットしている人でした。そんな彼が僕に、高知について熱くプレゼンしてくれたんです。

「なんと言っても四万十川の美しさは日本一やね」「日本酒と言えば『土佐鶴』。土佐人のソウルドリンクやね。世界一うまい酒やき」「カツオはワラで焼いちゅう。ほんなら、ワラのいい香りがして……」。

その夜、さっそくチームメンバーが集まって、土佐の味に舌鼓を打ちながら延々と続く高知談義。さらには、「献杯」「返杯」なるお酒の儀式なんかも教わりました。

翌朝、おごってくれた安田さんにお礼のメールを送ろうとすると、すでに安田さんからメールが届いていていました。

「澤田みたいなやつが仲間に加わってくれて心強いぜよ。ありがとう」。

全身に稲妻のようなものが走りました。

高知県のいちばんの魅力。それは「高知人」そのものじゃないか。人なつこくて、世話焼きで、暑苦しいくらいに、あったかい。

安田さんから高知の人を紹介してもらうと、とにかく会う人会う人おせっかいで、超絶フレンドリー。たいてい、周りの見知らぬ人とお酒を浴びるように飲み、すっかり仲良しになります。パーソナルスペースなんてものはほとんどありません。

歴史をひもといて見ると、高知には「お遍路さん」が全国各地から訪れていたため、出会った人みんなを大切に考える県民性が根づいていたことがわかりました。現に、高知の結婚式には「飲み屋で出会った人の席」なんてものがあるといいます。

だれに対しても、まるで家族のように振る舞って、あたたかく迎える。移住したら、アットホームな環境が待っている。僕はそんな高知ならではの良さを一言で言い表せるキャッチコピー、いやもはや概念なるものを考えました。

それが「高知家」です。

正直、広告賞をとれる類のコピーではありません。強い刺激のある言葉ではないからです。でも僕はこの言葉が浮かんだ瞬間、この言葉が高知で長生きしていくイメージがすぐに沸きました。「イケる」と確信しました。

僕はまず、安田さんやほかの先輩にこのアイデアをプレゼンしました。「県」をはずし、代わりに家族の「家」を足してみる。高知県が「高知家」という、ひとつの大家族になる。高知に縁のある人が、みんな家族になる。

プレゼンを最後まで聞いていた安田さんは、静かに右手を差し出し、ようやく口を開きました。

「ありがとう」「おそらく高知に暮らすだれもが感じていて、言語化できていなかったことを、うまく言い表せているぜよ」。

それから8年が経った今も、この「高知家」という概念は使われています。

高知県産の野菜のパッケージには「高知家」のロゴが入っていたり、高知家ピンバッジの出荷数は2020年12月時点で40万個にまでなりました。

もちろん、ほかのご当地キャンペーンと同じように「動画」や「歌」というコンテンツだってつくりましたが、その真ん中には「高知家」というプラットフォ

「高知家の唄」より

ームがありました。

結果として、高知県全体の人口はすこしずつ減少しているものの、2011年時点では120組だった県外からの移住者が、2019年には1030組にまで増えるなど、「高知家」という概念は着実に成果を挙げてくれています。

キャッチコピーならぬ、「キャッチ概念」をつくろう

「高知家」という言葉が長生きしているのは、いったいなぜでしょうか。僕はその理由は、2つあると思っています。

1つ目は、キャッチコピーならぬ、「キャッチ概念」をつくったこと。

「高知家」という言葉が、まさにそれです。

僕の仕事はコピーライターではありますが、実はもうあまりキャッチコピーをつくっていません。

キャッチコピーとは、パッと目を引く言葉で、商品やサービスを端的に表し、良いイメージを生み出すもの。その言葉によって、人の行動が変わり、購買につながるというのが理想的です。でも残念ながら、ほとんどのキャッチコピーが短命に終わります。期間やメディアが決まっていて、掲出されればお役御免。

一方、キャッチ概念は、「息の長さ」を目指したものです。

この世の中に物事や事象としてすでに存在しているけど、だれにも言語化されないでいる。それを忘れがたい言葉で表現したもの。

たとえば、「おひとりさま」も「イクメン」もキャッチ概念と言えます。

「イクメン」という言葉には賛否ありますが、その概念が一般化したことで、男性の育児休暇取得が後押しされたという側面もあるでしょう。

言葉によって可視化されることで、多くの人が「ああ、なるほど！」「確かに最近、そういう人が増えてきたよね！」と気づく。するとそれは、だれでも使える概念となり、行動まで変わっていく。その言葉の上を、人や情報や、ときにお金も流れていく。

つまり、キャッチ概念というのは「社会のインフラ」なんです。水やガスと違い、整備に巨額の資金が必要なわけではない。むしろ、場合によってはお金がほとんどかからない、「0円のインフラ」にもなり得るもの。発明してから5年が経った今もなお広がっている「ゆるスポーツ」もまた、キャッチ概念の1つです。

ちなみに、「高知家」「ゆるスポーツ」それぞれの名前を考えるときには、ある法則をもとにしました。

それは、「だれもが知っているふたつの単語を、だれもが知らない組み合わせで提示する」です。「高知」と「家」、それぞれの単語は知っているけど、「高知家」は聞いたことがない。「ゆるい」と「スポーツ」もまたしかり。

このルールで言葉を考えることで、新規性と共感性が同時に生まれます。つまり「新しいけど、どこか懐かしい」。人は、そういう言葉に魅力を感じます。

「一瞬」より「一生」を。「楽しい」より「うれしい」をつくろう

「高知家」という言葉が長生きしているもう1つの理由は、この言葉を使う人たちの様子を見て知ることができました。

この言葉は、「楽しい」だけではなく「うれしい」をつくってきたんです。

高知家が始まって半年ほど経ったタイミングで、新たに「高知家の唄－ちゃぶ台と家族写真」という歌をつくりました。一般の方から寄せられたエピソードをもとに、ご当地キャラの「カツオ人間」が作詞を行い、作曲を行なったのは「Tomorrow」で知られる岡本真夜さん（高知県出身）。歌い手は、タレントの島崎和歌子さん（もちろん高知県出身）にお願いして、レコーディングやミュージックビデオの撮影、編集を終えて、ついに完成版を試写していたとき、安田さんが編集室で泣いていていました。

高知県のプロジェクトに参加するのが決まったとき、安田さんは僕にこんな指令を出

していました。「オレを泣かせてみろ」と（むちゃくちゃですが）。だからこそ、僕は「高知家の唄」で安田さんを泣かせたいと思って、カツオ人間のサポートとして歌詞を考えました。そこには、こんな言葉があります。「一緒に笑おうや　ひとりで悩まん　ひとりで泣かんでえい」。「こういう表現を県民として待っていたぜよ」。安田さんは、すごくうれしそうに笑っていました。

「高知家の唄」はその後、県庁の昼休みに音楽として流れたり、県民手帳に掲載されたり、よさこい祭りでみんなが踊ったりするなど、県民歌並みの扱いになっています。

その頃流行っていたバズる「ご当地動画」は、おもしろおかしかったり、楽しげな雰囲気だったり、インパクトのあるものだったりしました。

もちろん、楽しいことはいいことだし、そういった要素は多くの人の関心を引くためにも重要です。でも、もっと大切なのは、「うれしい」という感情も生み出すことです。言い換えれば、「嗜好品」としてのアイデアだけでなく、もっと「必需品」としてのアイデアを。

「楽しい」は一瞬だけど、「うれしい」は一生。「うれしい」という、じわじわと広がる感情を大切にすることが、長続きするクリエイティブの秘訣なんです。

「高知家の唄」より

遊び心、怒り、疑い、エール、驚き。最終点検は「企画のあいうえお」

ここまで、「PPPP（ピーピーピーピーピーピーピー）」というフレームをもとに、長生きする生態系のつくり方を紐といてきました。

最後に、「企画のあいうえお」という、そのプロジェクトは伝えたい人にちゃんと届くか？ を最終点検できるフレームをご紹介します。

「あ＝遊び心」「い＝怒り」「う＝疑い」「え＝エール」「お＝驚き」です。

これは、僕自身がマイノリティデザインを考えるときに、正攻法で「正しく企画する」のではなく、「どうしたらそのアイデアに人が振り向いてくれるのか」を研究した結果、生まれたものです。

視覚障害者アテンドロボット「NIN_NIN」を参考にしてみます。

そもそもこの企画は、「なぜ視覚障害者は、勇気と度胸と勘で信号を渡らなくてはいけないのか」という「い＝怒り」から始まっています。怒りは、現状を「う＝疑う」きっかけになります。「これだけテクノロジーが発達しているのに、視覚障害者だけアナログ世界を生きているのはおかしくないか?」。そして、どうしてもこのピンチに着手したいと思ったのは、「目が見えない息子や、視覚障害のある友人たちの力になりたい」という思いがあったからでした。そこには、大切な人への「え＝エール」があります。

でも、自分の働き方のトンマナ「ユーモラス＋チャーミング」に沿って考えると、もっと企画に「お＝驚き」がほしい。そこで、「ボディシェアリング」という身体機能をシェアするコンセプトを入れました。驚きが提供するのは「ナニソレ?」というハテナです。その先が知りたくなります。そして、視覚障害者と寝たきりの人が互いに目や足をシェアするという内容が伝われば「ナルホド!」と、納得が生まれる。こうして、福祉に無関心な層にも情報を届けていくことができます。

実はここまで考えて、最後に残ったのが「あ＝遊び心」でした。まだ、この観点が少ない。そこで最後に加えたのが「忍者」というアイデアでした。

なぜ企画に遊び心が必要か? それは、遊びがないと、忙しい現代人はなかなか振り向いてくれないからです。

コピーライターの仲畑貴志さんが提唱する「エビフライの尻尾理論」というものがあります。

いわく、「エビフライの尻尾は食べられるわけではないので、本来的には必要ではない。だけど尻尾があることでエビフライというアイデンティティが確立し、視覚的にも楽しめ、結果高い値段でも食べてもらえる」。

確かに、もしエビフライに赤い尻尾がなかったら、得体の知れない長細い揚げ物でしかないですよね。一見無駄で機能的ではない「遊び」にこそ文化的価値が発生するし、人を惹きつける、という話です。

「NIN_NIN」に話を戻すと、忍者は、殿様に使える「従」の立場であり、視覚障害者をサポートするロボットとしての立ち位置とマッチする。

加えて、忍者は自分の藩と隣の藩の情報格差を埋める役割も担っていた。「殿、隣の藩では火縄銃という新しい武器を使いはじめました」というように。視覚障害はどうしても情報量が少ないため、「情報障害」と言われることもある。そうした現状を、忍者というユーモラスな象徴で表現したんです。

また、デザインの力で、「NIN_NIN」にはプリッとしたお尻も備わりました。一目見てもらうと、「お尻かわいい！」「さわらせてください！」と、このお尻が大人気。「さわりたくなるロボット」になっているんです。

あと、忍者なので「ニンニン！」と手を上下させる機能も備えています。プリッとしたお尻も「ニンニン！」もまったく「役に立たない」機能ですが、これが愛されるポイントになっています。

これが、「企画のあいうえお」。この５つの要素が揃うことで、広く注目を集めつつ、持続可能な生態系を生む準備が整います。

人ではなく、言葉にリーダーシップを持たせる

たくさんの仕事を通して、僕はコピーライティングという行為の新しい可能性に気づ

かせてもらいました。

それが、言葉にリーダーシップを持たせる、ということです。

「PPPP」や「企画のあいうえお」を使って、どれだけ素晴らしいアイデアが思い浮かんでも、推し進めたい企画が生まれても、リーダーがそこに居続けないと生態系は成長していきません。

長い間、僕も「リーダー」と言われるポジションに就くことにコンプレックスを抱えていました。プロジェクトリーダーに任命されても、部下を叱咤できるわけでもなく、モチベーションを高めて能力を発揮させられるわけでもない。ましてや、知識と経験に基づいた的確な指示なんて。……悩んでいました。

でも、僕は今いろんなプロジェクトを進めていますし、世界ゆるスポーツ協会の代表理事をつとめています。それは、ある意味、こんな開き直りをしたからです。

「自分にリーダーシップがなくても、リーダーシップのある言葉をつくればいい。言葉にリーダーをつとめてもらえばいいじゃないか」。

物事の真理を突いた本質的な言葉には、人を動かす力があります。たとえば、あまりに有名な「サードプレイス」という言葉。

スターバックスの店づくりのスローガンに使われたことで有名ですが、これはもともと、レイ・オルデンバーグという都市生活学者が、都市に暮らす人々が「心の拠りどころ」として集まる場所を「サードプレイス」と名づけたのがはじまりでした。

その言葉を気に入り採用したのが、スターバックスの元ＣＥＯであるハワード・シュルツ氏。会社でも家でもない、安らげる「第三の場所」をつくろう。そんな思いを「サードプレイス」という言葉に託したんです。

この言葉があったからこそ、スタッフにも「この店を居心地の良い場所にしよう」という意識が生まれ、お客様さえも認識するようになり、一体となってその空間がつくりあげられていきました。

日本でいうと、シャープさんの「目の付けどころが、シャープでしょ。」。

これもまた、圧倒的にリーダーシップのあるコピーです。「エビフライの尻尾論」を提唱された、コピーライター仲畑貴志さんによるものです。

この言葉があるからこそ、たとえば会議の場で「おぉ！目の付けどころがシャープですね！（いいですね）」「ちょっとシャープさに欠けるから、もうすこし考えませんか？」という視点が生まれ、意思決定の指標にすらなったはずです。

組織名やチーム名にすら、リーダーシップを持たせることができる

2018年、僕は「障害攻略課」という言葉をつくりました。

ここでいう「障害」とは、段差や差別意識など、社会側にある障害です。そして、その後ろに続く「攻略課」という言葉に込めたのは、それを、ゲーム感覚で、みんなでクリア（攻略）していこうよ！という姿勢です。

おもしろいことに、障害攻略課は今では一般社団法人なんですが、名前が先に生まれて、後からメンバーが集まっていったんです。障害当事者やバリアフリーの専門家、広告会社のプランナー、IT会社のプロデューサー……。そこに上下関係はありません。

リーダーシップを発揮するのは、やはりこの名前自体。「わたしたちは障害を攻略する課です」という意識が自然と芽生え、メンバーは自発的に新しい社会障害を探し、それぞれが能動的に攻略法も見出しはじめました。

実際、この言葉のもとで、車イスでも楽しめる「バリアフリー滝行」、特別支援学校を盛り上げる「特別支援学校を特別おもしろい学校に」など、次々とプロジェクトが誕生しています。それは、会議のときにも「どうやったら攻略できるだろう？」と、「攻略」という言葉が何度も飛び交ったからです。

ちなみに、障害攻略課は「有志の集まり」という枠を飛び出し、石川県中能登町企画課との出会いから、「障害攻略課プロジェクト」として、自治体の公式チームとして発足することになりました。

SNSで見る「#ハッシュタグ」も、リーダーシップのある言葉

「とはいえ、言葉をつくるってレベル高い」。でも、そんなことない！と言えるのが今

の時代のいいところです。

リーダーシップのある言葉は、学者やコピーライターが考えた「サードプレイス」や「目の付けどころが、シャープでしょ。」のような、キャッチコピーだけではありません。SNSで見る「#ハッシュタグ」こそ、その典型です。

だれかが考えたハッシュタグという「お題」に、次々と投稿される140文字の作品。あるいは、そのお題から生まれる行動。「#MeToo」や「#検察庁法改正案に抗議します」が大きなうねりとなり、実際に社会を変えたのは記憶に新しいですよね。

2020年4月に、僕もあるハッシュタグを世の中に投げかけました。それは「#福祉現場にもマスクを」です。

コロナ禍によって深刻なマスク不足に陥った現場をサポートするため、プロジェクトを立ち上げました。福祉の現場では、さまざまな理由から濃厚接触が避けられず、不安の中で業務を行わざるを得ませんでした。でも、マスク不足に陥っても、現場の人たちは声をあげようとはしていなかった。「医療現場にも足りないらしいから」と。

僕らは、その窮状を知ってもらうためにも「#福祉現場にもマスクを」という言葉を世の中に投げかけました。

２０２０年４月下旬から始めたこのプロジェクトは、４か月で22万５７７５枚の寄付マスクと９５０万４７１１円の寄付金が１５３２名の方から集まりました。結果、72万４００５枚のマスクを１６５６か所の現場に送ることができました。

このプロジェクトのリーダーは、明らかに人ではなく言葉でした。たった１つの言葉で、それだけの人を動かすことができたんです。

マイノリティデザインを考えることは、言葉を考えること。もしかしたらそのプロジェクトは１００年とつづくかもしれない。そのとき、言葉に後を託せると、うねりは持続していくんです。

自分がスターになるのではなく、社会にトーチを掲げよう

これまで広告クリエイティブの世界では、なんらかの賞をもらって「スタークリエイター」になるのが、だれもが目指すロールモデルでした。国内外にさまざまな賞がありますの。カンヌライオンズやクリオ賞、ACC東京クリエイティビティアワード、TCC賞……。

僕も20代の頃、それに倣ってさまざまな賞にエントリーしました。先輩たちは、口をそろえて言いました。「とにかく賞を獲れ。話はそれからだ」と。

おそらく広告業界以外もそうでしょう。医療には医療の、エンジニアにはエンジニアの、食品には食品のスターがいます。

でも、果たしてそれが本質的な解決になるのでしょうか。その人が離れたとたん、また元通りになってしまうなら、持続可能なやり方ではありません。

僕は、自らが輝くスターを目指すのではなく、「トーチ」を掲げたほうがいいと考えています。

こういう未来に向かっていきませんか？ という「フィロソフィー」を「プラットフォーム」という名のトーチに灯し、差し出し、ほかの人の心に火を灯す。その火をどんどんおすそ分けしていけば、辺り一帯が明るくなります。

1人の人間にできることには、限界があります。スターといえども、その輝きが未来永劫続くわけではありません。

だからこそ、「生態系」をつくるためには、「リーダーシップのある言葉」が必要なんです。

いい企画は、「現実」と「目指したい未来」の差分を明らかにする

2020年ほどパラレルな未来を意識させられた年は、なかったでしょう。もしも、新型コロナウイルスが流行っていなければ。もしも、東京オリンピック・パラリンピックが開催されていたら。

ただ、大なり小なり、いつでもこの世界には「選んだ未来」と「選ばなかった未来」があって、僕らは未来を無数に選択しつづけてきて、その延長線上に今、立っています。大きな声の人がいて、その言葉がとてつもなく強いものだと、さもその未来しか正解はないと思わされてしまいます。今で言えば、「AIの台頭」とか、あるいは「少子高齢化」とか。そこに向かって走っていくしかないと考えさせられてしまいます。

けれども、世界はそんなに単純ではありません。僕が、あなたが、1人ひとりが、無数の選択をした結果として、この世の中がつくられるんです。大きな文脈だけがあるの

ではなく、その中には、小さな文脈がいくつも折り重なっています。

僕は、信じています。

いい言葉やアイデアは、出した瞬間、現実と目指したい未来の差分を明らかにする。なにが足りないのか、なにをやるべきかが見える。人が前に進む補助線になる。

だからこそクリエイターは、いやすべての働く人は、そのアイデアを、クリエイティブを、もっと大切にすべきです。自分の働き方を、もっと尊重すべきです。

働き方は変えられる。

自分の経験や才能は、今の何万倍も生かせる場所がある。

あなたは永遠に成長期だ。

そう伝えたくて、僕はこの本を書きました。

おわりに

無駄だと思っていた時間は、10年後に効いてきた

「なんのための仕事なんだろう？」。
「だれのための自分なんだろう？」。

振り返ってみると、20代の僕は、「終わらない回転ドア」に入っているような働き方をしていました。一度その中に入ってしまうと、動き続けなくてはいけない。けれども出口がない。おかしいなと思うけど、前にも後ろにも、同じように動いている人がいるから、「こんなもんか」と思考停止になる。

でも、嫌われることを覚悟で、回転ドアから思い切って出ると、そこには広大すぎる景色が広がっていました。息子が生まれて、そのアウェイをひた走るしかなくなった。進んでみると、今まで出会ったことのない人と遭遇し、自分が培った経験やスキルをプレゼントすると、喜んでもらえた。

そのとき僕は、はじめて気づいたんです。

僕は、意味なく回転ドアをグルグル回っていたんじゃない。あの、反復練習のような仕事は、実は大切だった。先輩たちが積み上げてきたクリエイティブの文化を真似て、なんとか自分のものにしようともがいた日々は、無駄どころか有意義なものだった。

入社したのは22歳で、息子が生まれたのが32歳。つまり10年間も回転ドアをグルグルしていたんですが。その時間が思わぬ形で効いてきた。つまりその時間は、クリエイティブの「型」を習得するために、必要な時間だった。

「守破離」でいうところの「守」だったのかもしれません。そう考えると、その後音楽やマンガを広告の仕事としてはじめたのは「破」。広告の力をスポーツや福祉に応用しはじめたのは「離」だった。

あらゆる働く人が、なんらかの形で「守」というステップは踏めています。あとは、それをどう自分なりにアレンジして、自分なりの働き方を生み出すか。「破離」するか。そのときに、この本がすこしでも力になれるとうれしいです。

#「SDGs」の外へ。18番目の目標は、自分の中にある

先日あるイベントで、「SDGs」のデザインやコミュニケーションシステムを手がけた、デザイナーのヤーコブ・トロールベックさんと一緒に登壇する機会がありました。壇上で、本人を前にお聞きしました。「SDGsはマクロすぎて、日本には合わないいんじゃないいか？」と。

だって、「安全な水とトイレを世界中に」って日本はもうだいたいできているし、「陸の豊かさも守ろう」って、国土面積の3分の2を森林が占める日本に言われてもピンとこない。それよりも、ちょっとひと呼吸おいて、「あ、これわたしにしかできないな」「僕がやらなきゃだれがやるんだ？」と思えるお題。「運命の課題」と言えるものは、「SDGs」の外に、18番目の目標としてあるんじゃないか？と。

するとヤーコブさんはこう答えてくれたんです。

「すべて同意します。たとえば企業は、消費者であるあなたに対して、『これが新しいファッションですよ』といって、自分以外の別のものになりなさい、という力を働かせます。ですから、自分自身を信じて生きていくべきです。そうでないとあなたが他人のお金のマシーンになってしまうことになります。自分らしく生きようとすることで、はじめて社会のほかの人に対しても影響を与えられるようになると思います」。

そう、あなたはあなたのままでいい。いくら企業が「変わろう」と叫んでいても、大丈夫。変わらなくてはいけないのは、社会だから。

規模やスピード、経済性を重視する仕事だけではなく、小さくても、ゆっくりでも、確実にそのアイデアを欲している人のために働くこと。また、すでに提示されている条件の中から自分がやりたいことを選ぶのではなく、やりたいことそのものを探したり、つくったりすること。

「SDGs」も規定課題としては外せない。でも、たとえ時間がかかったとしても、「運命の課題」を探すことも大事。

仕事における運命の人は、すべての人に、かならずいます。

新卒採用の面接で、「10年後も御社は残っていますか？」と聞いた

「10年後、御社は残っていますか？」。

採用試験を受けた際、ズラリと並んだ面接官の前で「最後になにか質問はありますか？」と問われ、僕が訊ねた質問です。どこぞの馬の骨とも知らない大学生にそんなことを言われた社員さんは、おそらくギョッとしたでしょう。

時は2003年。就職氷河期はまだギリギリ続いていて、学生たちは「御社が第一志望です」といくつもの企業に宣言し、なんとか内定をつかもうと躍起になっていた頃です。「爪痕を残したい」。ご多分にもれず僕も、ちょっとしたカウンターパンチのつもりでその言葉を口にしたのでした。

で、その面接官は、「つぶれているだろうね。それでも、入る気ある？」とにっこりと返してきた。面食らった。

その方は、いまだに僕に会うと「あのときの澤田は尖ってたよね」と笑います。僕こそ、その言葉をそっくりそのまま返したい。「最高だ！」。口にはしなかったものの、僕の心は躍りました。こんな会社に入ったら最高に楽しいだろうなって。

今考えるとなんとも向こう見ずな質問でゾッとしますが、幸いなことに、僕はその広告会社に入社することができました。

そのおかげで、今の僕がいます。

最後にすこしだけ、僕を育ててくれた広告業界への思いを書かせてください。

僕の活動はよく「特徴的」「独創的」と言われることがありますが、それは違います。良くも悪くも、「広告会社での経験が活きている」というのが正解です。

最近になって、広告業界の中でも独特の動きをしているおかげか、社内で講演会を開いてほしいという声がかかるようになりました。時にはマネジメントクラスに、時には若手向けに。

そこで僕は、従来的な広告仕事と距離を置きはじめてから、改めて知ることができた「広告会社の強み」を話してみることにしました。それは、活躍の場所をスライドさせてから、僕の目に驚くほど鮮明に見えてきた景色でした。

アウトサイダーであること。コンセプトをつくること。星座を見つけること

広告会社の強みは、3つあります。

まず1つ目は、「アウトサイダー（部外者）であること」。

自社でプロダクトやサービスを生み出していないからこそ、あらゆる企業や自治体やメディアとの関係性があるからこそ、スーパーフラットに世界のことを見られる。冷静でいられる。結果、当事者が「あたりまえ」だと思っていることを、「それこそが価値です」と指摘できる。

ビジネス社会上でこれだけいい意味で「無責任」なポジションにいて、しかもこれほどの規模感で……というとほかには存在しません。すごく貴重で、「こういう存在が社会にいないと、実は社会ってけっこう行き詰まるよね」という話。

2つ目は、「コンセプトをつくる技術」。広告の世界には、とにかくコンセプトをつく

ることに長けている人が多くいます。広告の仕事とは、「商品やサービスを俯瞰し、魅力の第一発見者となり、新しいアイデアや計画を練ること」。そのためにも、この先、企画が迷子になることがないように、全体を貫くひとつの言葉を立てる。

企業の過去を整理し、現在地を示し、未来に向かっていくためには、やはりコンセプトというよりどころが欠かせません。しかも、吸引力のあるコンセプトでないと、広告のように大勢の人が関与するプロジェクトは空中分解してしまいます。

3つ目は、「星座力」。これはつまり、点在する情報（星）を大胆な発想で、線でつなぎ、「〇〇座」のようにネーミングして、新しい価値を生み出す力。僕は、これこそが広告会社の底力だと思います。

まるで、無数の星の中から星座を見つけた古代の人たちのように、さまざまな視点や角度から、多くの人がその魅力に気づかず見過ごしてしまう星々を見つけて、つなげる。さらに、その星々に名前をつけて、「こんなところが素晴らしいね」「だから、こんなことしませんか」って、わかりやすく世の中に提案する。思いもよらぬ価値をつくり出す。

福祉やスポーツの仕事をする中でも、僕はこの3つの力をフル活用させてもらいました。たとえばゆるスポーツで言うと、

1　障害当事者やスポーツが本来持つ魅力を、公平に、客観的に抽出する。
2　「スポーツ弱者を、世界からなくす」という、コンセプトを活動の中心に据える。
3　イモムシ、顔認証技術、スポーツ弱者、点在する星たちを1本の線でグイッとつなぎ、「ゆるスポーツ」という星座にする。

広告の仕事から離れてみて、今やっている「広告的な」仕事が丸ごと天職だな、と感じています。

気づいたら本業から得ていた「強み」があるからこそ、「弱さ」に立脚したマイノリティデザインができている。僕は「広告の力」によって支えられているんだなと再確認できました。これだけ社外での活動が増えた今も、僕が広告会社を辞めない理由は、ここにあります。

巷では、「謎の組織」みたいに思われがち。はたから見るとなにをしているのか、わかりにくい会社。でも、ある意味それは本当にその通りで、広告会社は、多様な人が育まれている生態系そのものなんです。

僕みたいに、コピーライターなのにほとんど広告の仕事をしていない人もいれば、映画監督や脚本家、作家もいて、アーティスト活動をしている人もいる。ロボットをつくっている人もいるし、カフェを営んでいる人もいます。

それはまるで、多種な植物が隣り合っている雑木林のようだし、そこにしかない本が集まっている図書館みたいでもある。そんな人々が「同じ会社で働いて」いて、「いつでもチームを組める」。

会社を取り巻く状況はどんどん厳しくなっています。広告会社そのものの存在意義に対する疑念はもちろんのこと、広告業界の構造や働き方に対する批判の声も出てきています。改善すべきところは改善していくとして、それでもなお、僕は広告会社のやるべき役割があると考えています。

社会はまだまだ未完成で、ヨチヨチ歩きのひよこです。サグラダファミリアみたいにいつ完成形を見られるかなんてわかりません。そんな世の中において、広告会社はある意味、トランプの「ジョーカー」だと思うんです。

ババ抜きのときには嫌われる。でも文字通り「切り札」として、形勢を一気に逆転させる力も持っているはずです。

走馬灯という「人生最後のメディア」に入り込める仕事がしたい

話を戻します。

人生のクライマックスに訪れる「走馬灯」。僕は、その瞬間こそが、究極にパーソナライズされたメディアだと思っています。

もちろん僕は未経験なので、文献で読んだ話をもとに想像するしかありませんが、走馬灯はほんのわずかな時間のあいだに、10とか20もの象徴的な「シーン」が映し出されるそうです。つまり、１００年近くの年月からダイジェストで切り出されたそのわずか20シーン。

僕はよく、自分の人生のシーン「ベスト20」を考えて、バーチャル走馬灯を脳内で流して遊んでいるのですが、数年前と比べると、好きなシーンが増えました。

息子が退院した後のなに気ない幸せを感じた散歩。旅行先のホテルのテラスから家族

3人で見た冬の花火。もちろん、家族とのシーンが多いんですが仕事のシーンもあります。はじめて「ゆるスポーツランド」というイベントを開催し、参加者が笑いながら楽しんでいた瞬間。車イスの友人がイモムシラグビーで活躍していた試合。

つきつめて考えると、僕は仕事で「いい記憶」をつくりたいんです。

それは、自分にとっての一生ものの記憶なのはもちろん、できれば一緒に仕事をした人にとってもいい記憶でもあってほしい。何十年か先に、「あのときいい仕事したよね」と仲間たちと振り返れるといいし、それぞれの走馬灯にも流れればいいなと願っています。縁起でもないですが（笑）。

1人ひとりが自分の人生を振り返って、「あぁ、幸せだったな」「やれることはちゃんとやったな」「いい仲間と出会えたな」と思えるような、「いい記憶」。その総量を増やすために、マイノリティデザインというやり方にたどり着きました。

あなたには、もうかならず生み出しているものがある

「あなたが生まれなければ、この世に生まれなかったものがある。」。

２００９年、アミューズメントメディア総合学園という専門校のために書いたコピーです。声優やゲームクリエイター、マンガ家、脚本家などになりたい学生たちが通う専門校で、10年以上経った今でもこの言葉を使ってもらっています。

このコピーで僕が伝えたかったのは、「すべての人はクリエイターである」ということ。生後間もない赤ちゃんだって、小学生だって、どんな職業に就いていたって、専業主ふだって、みんなクリエイターです。

もしあなたがクリエイターとして、これまでつくってきたものに自信を持てなかったとしても。あるいはクリエイターではなく、なにも生み出していないと思っていても。

「他者への影響」は生み出しています。すべての人に社会への影響力はある、とも言え

ます。

だからこそ、あなたが生み出すものは、影響力は、大切な人のため、大切な自分のためであってほしい。

「宝物のような迷惑」を与えてくれて、ありがとう

僕には、1つ願いがあります。「自分がいなかった世界と、いた世界は、ちがう世界であってほしい」。

これは、多くの人が願っていることかもしれません。でも僕らは知っています。僕らが生まれる前からこの世界はある。そして、僕らがこの世界からいなくなっても、何事もなかったかのように世界は続いていく。

でも、やっぱり僕はどうしても欲張ってしまう。自分がいなくなる前に、すこしでも社会を今よりも良くしたい。それは、やっぱり息子のことがあるからです。

残念ながら、今の日本社会では、まだまだ視覚障害者を取り巻く環境は「良い」とは言えません。ホームドアがないことにより、ホームから転落して亡くなってしまう事故が続いています。学校を卒業した後、居られるコミュニティや職場は豊富とは言えません。仕事の面でも、視覚に障害がある労働者のうち47％の月収は10万円以下とも言われています。

だから自分がいなくなる前に、この世界を、今よりも良い世界にしたい。

でも、僕には限界があります。だからこそ、大勢の仲間に頼っています。これを読んでいるあなたの力を借りることもあるかもしれません。昭和のプロボクサーでありコメディアンのたこ八郎さんが、こんな言葉を残しています。

「迷惑かけて　ありがとう」。

不思議な言葉だな、とずっと思っていたんですが、息子が生まれ、障害のある友人たちと時間を過ごす中で、この言葉がスッと心に響いてきました。

障害があると、大変なことがいろいろあります。見方によっては、親である僕も迷惑をかけられているのかもしれない。障害のある友人から悩みを打ち明けられたり、「助けてほしい」と言われることも、もしかしたら迷惑をかけられているのかもしれない。けれども、そのおかげで僕は本気になれて、働くことに夢中になれて、走馬灯を更新することができた。僕にとっては、宝物のような迷惑をかけられたんです。

迷惑とは、あるいは弱さとは、周りにいる人の本気や強さを引き出す、大切なもの。だからこそ、お互い迷惑をかけあって、それでも「ありがとう」と言い合える関係をつくれたなら、これ以上の幸せはありません。

すべての弱さは、社会の伸びしろ。

僕は、これからも大切な人から迷惑をかけられたい。代わりに僕も、「息子が暮らしやすい社会を、一緒につくってくれない？」とだれかに迷惑をかけるかもしれない。持ちつ持たれつ、お互いさまで、それぞれが培ってきた力を交換する。

それが、「働く」ってことなのかな、と僕は今思っています。

澤田智洋

Minority Design Members（敬称略）

【切断ヴィーナスショー】
臼井二美男、越智貴雄、河本佳恵、切断ヴィーナスのみなさん、
菅井葉月、カドクラタカコ、tokone のみなさん

【041 FASHION】
栗野宏文、浅川聖子、稲沢日南子、岡西美智代、神出奈央子、小山雅人、
佐藤大輔、櫻木謙一、杉沼祐治、竹田さなえ、滑川圭子、野寄大輔、
深津千恵、古井拓郎、松村阿弥、若松攻佳、玉井菜緒、長町遥、吉田淳志、
浅井康治、佐藤大吾、服部一孝、野村朗子、関根彩香、加藤真心

【NIN_NIN】
吉藤オリィ、いとけん、大瀧篤、高橋鴻介、
加藤健人、菅井葉月、石神正人、翁拓史、吉田明生

【ゆるスポーツ】
萩原拓也、緑川久美子、逢坂剛典、甘田奈緒子、高田真帆、
三品容子、三島旭美、瀧澤由葵、東俊介、八所和己、大瀧篤、
竹谷耕樹、斉藤安奈、堀田高大、大久保里美、奈雲政人、
山本 啓一朗、郭裕之、BEYOND GIRLS

【障害攻略課】
上原大祐、大塚訓平、加藤さくら、坂井さゆり、
藤崎克也、横田亜矢子、ライラ・カセム、樋口裕二

【高知家 / 爺 - POP】
小笠原慶二、吉野史一、横山久志、高知県庁のみなさま、安田雅彦、
大瀬良亮、高橋優、藤崎克也、松本健輔、筏万州彦、山部修平、喜多葉大、
千田薫、太陽企画のみなさま、アドブレーンのみなさん、アマナのみなさん、
ご協力いただいたあらゆる高知家の家族のみなさん

謝辞

この本を企画・編集してくれた、ライツ社の大塚啓志郎さんとはもう10年以上の付き合いになります。実は、ロイヤルホストと出会った、「好きな会社に自分から連絡して会いにいこう」時期に、当時大塚さんが勤めていた出版社にもメールを入れていたのです。「みなさんがつくっている本が大好きです。なにか協力できることがあればいつでも連絡ください」。返信をくれたのが大塚さんでした。もがいていたあの時期があったからこそ、この本を出版するという未来にたどり着くことができて本当に嬉しいのです。大塚さん、大切な本を一緒につくってくれて本当にありがとうございます。膨大な情報量をもとに、構成をまとめてくださった大矢幸世さんにも感謝しかありません。また、日頃から一緒に仕事をしている、世界ゆるスポーツ協会、チーム切断ヴィーナスショー、チームNIN_NIN、チーム041、障害攻略課のみなさんにも感謝します。働くことがこんなにも楽しいことだなんて、みなさんと出会うまで知りませんでした。

最後に。人生の喜怒哀楽をすべて共にしている妻、そして息子にも感謝しています。家族が僕を、僕にしてくれました。一緒に幸せになりましょう。

澤田 智洋（さわだ ともひろ）

コピーライター / 世界ゆるスポーツ協会代表理事

1981年生まれ。言葉とスポーツと福祉が専門。幼少期をパリ、シカゴ、ロンドンで過ごした後、17歳で帰国。2004年、広告代理店入社。アミューズメントメディア総合学院、映画「ダークナイト・ライジング」、高知県などのコピーを手掛ける。 2015年にだれもが楽しめる新しいスポーツを開発する「世界ゆるスポーツ協会」を設立。これまで80以上の新しいスポーツを開発し、10万人以上が体験。また、一般社団法人障害攻略課理事として、ひとりを起点に服を開発する「041 FASHION」、ボディシェアリングロボット「NIN_NIN」など、福祉領域におけるビジネスを推進。著書に『ガチガチの世界をゆるめる』（百万年書房）がある。

ブックデザイン　杉山健太郎
構成　大矢幸世
営業　髙野翔・堀本千晶
営業事務　吉澤由樹子
編集　大塚啓志郎・有佐和也・感応嘉奈子

マイノリティデザイン
「弱さ」を生かせる社会をつくろう

二〇二一年一月二十五日　第一刷発行
二〇二一年三月　十一日　第二刷発行

著者　澤田智洋
発行者　大塚啓志郎・髙野翔
発行所　株式会社ライツ社
兵庫県明石市桜町二－二二
TEL　〇七八－九一五－一八一八
FAX　〇七八－九一五－一八一九

印刷・製本　シナノパブリッシングプレス

乱丁・落丁本はお取り替えします。

©2021 SAWADA TOMOHIRO printed in Japan

ISBN 978-4-909044-29-7
ライツ社HP　http://wrl.co.jp